영리조직과 비영리조직의 실증 비교 분석

공정성 및 조직시민 행동

영리조직과 비영리조직의 실증 비교 분석

공정성 및 조직시민 행동

임정숙 지음

한국학술정보㈜

21세기는 국제사회질서가 무국경의 무한경쟁사회로 나아가고 있고, 더불어 정보화와 지식기반사회로 이행하면서 기업의 경쟁력 원천은 조직 구성원의 지적 능력의 행사에 있게 될 것이다. 이 때문에 최근 선진국들은 기술, 정보, 지식 등을 보유한 인적자원의 개발과 양성에 대한 중요성을 강조하고 있다. 특히 인적자원의 중요성이 더욱 강조되는 현실 속에서 우리나라의 기업들도 최근 들어 이러한 변화의 물결에 적응하기 위한 노력이 다각도로 이루어지고 있고 조직의 경쟁력 확보를 위하여 인적자원개발에 노력하고 있다. 즉 조직의 성과가 인적자원에 의존한다는 인식 아래 조직 차원의 인적자원개발 체제를 점검하고, 효율적인 인적자원개발 계획을 수립하여 추진하고 있다.

이는 비단 영리조직인 기업뿐만 아니라 이윤 획득을 목적으로 하지 않고 공익활동을 전개하는 비영리조직에서도 조직 체계와 조직 구성원에 대한 관리를 통해 조직 내부의 효율적인 운영의 필요성이 강조되고 있다. 또한 오늘날 비영리조직들의 우리 사회에서의 역할과 영향력을 고려해 볼 때, 비영리조직의 안정적인 발전은 시민사회의 발전이라는 측면에서도 매우 중요한 의미를 가지고 있다.

이러한 측면에서 영리조직과 비영리조직의 지속적인 성장과 발전을 위해서는 무엇보다도 조직 구성원의 조직을 위한 자발적인 행동을 유도해 내는 것이 중요한 관건이라 할 수 있다. 조직의 성과에 영향을 미치는 요인은 매우 많겠지만 조직 구성원들이 인적자원관리가 어느 정도 공정한지 인식하느냐에 따라서 조직의 성과가 크게 달라질 수 있다. 또한 여기에 더하여 새롭게 조직의 구성원에 대한 배려와 지원인 조직지원인식과 조직의 목표에 대해 구성원이 느끼는 일체감으로 표현될 수 있는 조직몰입의 정도에 따라서도 크게 달라질 수 있으며, 이와 함께 강조되고 있는 것이 조직시민행동이라 할 수 있겠다.

조직시민행동은 자유 재량적인 행동으로서 공식적 보상 시스템에 의하여 직접적으로 명확히 인식되지는 않았으나 전반적인 조직 기능의 유효성이나 효율성을 증진시키는 개인의 자발적인 행동이다. 영리 및 비영리조직 모두 조직이 위기에 처할수록 조직구성원들의 협력과 공헌이 절대적으로 요구된다고 할 수 있으며, 그 중심에는 조직구성원들의 자발적 행동인 조직시민행동이 자리하고 있다. 특히 중요한 것은 영리조직과 비영리조직이 거대화되고 환경변화 및 경쟁이 심화됨으로 인하여 조직구성원들에게는 공식적인 역할 이외의 다른 역할이 추가로 요구되고 있다는 점이다. 따라서 조직의 발전을 위해서 구성원들의 공식 및 비공식 그리고 조직 내의 규정을 초월한 협력을 확보하는 것이 매우 중요하다고 할 수 있다.

이에 본서는 조직시민행동에 대한 선행 연구들이 주로 영리조직에 관심의 초점을 맞추어 진행되어 왔고, 비영리조직의 조직시민행동에 대한 연구가 미흡하다는 인식에서 출발하게 되었다. 따라서 본서는 조직지원인식과 조직몰입을 통하여 구성원의 공정성 지각이 조직시민행동에 모두 유의한 영향을 미칠 것이라는 가설 전제를 통해 영리 및 비영리조직 구성원의 공정성 지각이 조직지원인식과 조직몰입을 통하여 조직시민행동에 어떠한 영향을 미치는가를 실증분석하였다.

특히 본서는 영리조직과 비영리조직의 조직시민행동에 영향을 미치는 변수들의 관계와 실증연구가 거의 없다는 점과 비교분석을 시도한 연구가 미비하다는 점에서 연구의 중요성과 의의가 있다.

앞으로 조직의 행동과 관련된 주요 선행요인을 포괄하는 본서를 기초로 하여 영리조직 구성원과 비영리조직 구성원들과 관련된 후속연구들이 보다 활발히 진행되어 조직구성원들의 체계적이고 효율적인 관리방안에 기여할 수 있는 많은 연구 결과들이 제시될 수 있어야 할 것이다.

본서를 완성하기에는 많은 분들의 도움이 있었다. 학문의 지평을 넓혀주신 민남식 교수님을 비롯하여 김남근 교수님, 김흥국 교수님, 정범수 교수님과 반선섭 교수님의 학문적 조언은 본서를 완성하는 데 큰 도움이 되었으며, 이 지면을 통하여 감사의 마음을 전한다. 아울러 김명호 교수님, 정기성 교수님, 유광우 교수님, 최돈일 교수님, 노영성 교수님의 격려와 조언에 감사드리며, 특히 출판에 도움을 주신 한국학술정보(주)의 채종준 사장님을 비롯한 많은 분들께도 감사드린다.

2008년 7월
임정숙

|목 차|

제6장   결 론 / 141

제 1 장
서　론

제1장

제1절 문제제기 및 연구목적

본 연구는 조직시민행동의 자발적 발로를 위한 인적자원관리에서 가장 중요한 변수로 작용하는 조직구성원의 공정성 지각과 조직구성원에게 몰입하는 정도를 나타내는 조직지원인식, 조직 구성원들의 태도와 행동 사이의 관계를 잘 나타내는 조직몰입을 중심으로 구성원들의 조직시민행동의 전형적 모형을 개발하여 영리조직과 비영리조직이 조직시민행동을 활성화시킬 수 있도록 이론적 및 실무적 대안을 모색함으로써 관련 분야의 연구와 조직에서 구성원들의 성숙된 조직시민행동을 권장하는 데 있다.

21세기는 국제사회질서가 무국경의 무한경쟁사회로 나아가고 있고, 더불어 정보화와 지식기반사회로 이행하면서, 기업의 경쟁력 원천은 조직 구성원의 지적 능력의 행사에 있게 될 것이다. 이 때문에 최근 선진국들은 기술, 정보, 지식 등을 보유한 인적자원의 개발과 양성에 대한 중요성을 강조하고 있다.

인적자원의 중요성이 더욱 강조되는 현실 속에서 특히 우리나라의 기업들도 최근 들어 이러한 변화의 물결에 적응하기 위한 노력이 다각도로 이루어지고 있고 조직의 경쟁력 확보를 위하여 인적자원개발에 노력하고 있다. 즉 조직의 성과가 인적자원에 의존한다는 인식 아래 조직 차원의 인적자원개발 체제를 점검하고, 효율적인 인적자원개발 계획을 수립하여 추진하고 있다.

이는 비단 영리조직인 기업뿐만 아니라 이윤 획득을 목적으로 하지 않고 공익활동을 전개하는 비영리조직에서도 조직 체계와 조직 구성원에 대한 관리를 통해 조직 내부의 효율적인 운영의 필요성이 강조되고 있다. 또한 오늘날 비영리조직들의 우리 사회에서의 역할과 영향력을 고려해 볼 때, 비영리조직의 안정적인 발전은 시민사회의 발전이라는 측면에서도 매우 중요한 의미를 가지고 있다.

이러한 측면에서 영리조직과 비영리조직의 지속적인 성장과 발전을 위해서는 무엇보다도 조직 구성원의 조직을 위한 자발적인 행동을 유도해 내는 것이 중요한 관건이라 할 수 있다. 조직의 성과에 영향을 미치는 요인은 매우 많지만, 특히 조직 구성원들이 인적자원관리가 어느 정도 공정한지 인식하느냐에 따라서 조직의 성과가 크게 달라질 수 있다. 또한 여기에 더하여 새롭게 조직의 구성원에 대한 배려와 지원인 조직지원인식과 조직의 목표에 대해 구성원이 느끼는 일체감으로 표현될 수 있는 조직몰입의 정도에 따라서도 크게 달라질 수 있다. 이와 함께 강조되고 있는 것이 바로 조직시민행동이다.

조직시민행동은 조직 내의 구성원들이 자발적으로 수행하는 행동을 의미하며 직무상 반드시 수행하여야 할 것도 아니고, 또한 조직

구성원들이 이러한 행동을 보인다고 해서 특별히 보상을 받는 것도 아니다. 그러나 조직구성원들의 이러한 행동은 조직에 긍정적인 효과를 나타내고 있기 때문에 중요한 변수로 부각되고 있다(Smith, Organ & Near, 1983; 윤정현·이재훈, 2005).

글로벌 경쟁시대에 조직시민행동이 없는 조직은 곧 사라질 '가장 취약한 사회시스템(most fragile social system)'이라고 강조되고 있으며, 조직을 유지하기 위해서는 미리 정해진 역할 내의 행동뿐만이 아니라 역할 외의 행동이 필수불가결한 행동이라는 지적이 일찍부터 있어 왔다(Katz, 1964). 이는 조직시민행동이 조직의 유효성을 높이기 때문에 조직시민행동에 긍정적인 영향을 미치는 요인에 대해서 관심을 가지고 연구할 필요성을 말해 주고 있는 것이다.

조직시민행동에 대한 그동안의 선행 연구들은 주로 영리조직을 대상으로 연구가 이루어져 왔으며, 비영리조직의 조직시민행동에 미치는 영향을 분석한 연구는 거의 배제되어 왔다. 나아가 이들 두 조직에 대한 조직시민행동에 미치는 영향을 분석한 연구가 거의 없는 실정이다. 이러한 점에서 영리조직과 비영리조직 구성원의 조직시민행동에 영향을 주는 모형을 개발하고 검증하며, 기본적인 이론의 틀을 제공해 보고자 하는 시도는 의미 있는 일이라 할 수 있다.

본 연구에서는 조직시민행동의 선행변수로서 공정성, 조직지원인식, 조직몰입을 살펴보고자 한다.

첫째, 조직의 보상 제공을 유인(incentive)으로 조직에 대한 개인들의 참여를 유도하며, 개인들은 기여에 대한 보상을 기대하면서 조직에 참여한다. 물론 노동 그 자체가 개인의 삶에 의미를 부여하고 풍요롭게 해 준다는 점을 무시할 수 없지만 물질적 유인이 조직에 대한 개인들의 참여의 중요한 동인이라는 것은 아무도 부인할 수 없는 사실이다. 이러한 측면에서 공헌에 대한 대가로 조직에 의해서 제공되는 보상은 조직구성원들의 태도와 행동에 상당한 영향을 미치며, 조직연구자와 경영자들이 이론적 및 실천적 측면에서 보상 문제와 절차에 관련한 조직공정성에 많은 관심을 기울여 온 것은 바로 이런 이유 때문이다(고종욱·류철, 2005).

둘째, 조직지원인식은 조직 구성원들의 조직에 대한 공헌도와 복지에 대한 반응으로서 구성원들은 조직에 대해서 어느 정도의 기대를 가지고 있다고 생각하는데 이른바 조직지원인식이다. Eisenberger et al.(1986)은 사회적 교환이론을 기반으로 하여 조직이 종업원에게 몰입하는 정도를 나타내는 조직지원인식(perceived organizational support)이라는 개념을 제시하였다. 이들은 조직이 구성원의 공헌을 가치 있게 생각하며, 조직이 구성원의 복지를 위하여 관심을 보이는 정도에 대해 구성원이 총체적으로 형성하는 믿음을 조직지원에 대한 인식이라고 정의하였다. 이러한 조직지원인식은 거래적 관점에서 조직의 구성원에 대한 몰입과 관심, 배려가 다시 구성원으로 하여금 조직에 몰입하게끔 하고 있다(이유진, 1999).

셋째, 조직몰입은 조직이 구성원에 몰입하게 하는 조직지원인식과 대칭되는 개념으로서 구성원이 조직을 위해 헌신적인 노력을 하고 조직에 몰입하도록 하는 조직몰입은 조직구성원의 조직에 대한 심리적 애착, 즉 자신이 속해 있는 조직에 대하여 얼마나 일체감을 가지고 몰두하는가의 정도를 나타내는 것이라 할 수 있다. 이러한 조직몰입이 주목을 받는 이유는 조직유효성의 유용한 예측지표가 될 수 있기 때문이며, 비교적 장기간에 걸쳐 안정성을 가지고 있어 조직구성원의 태도와 행동사이의 관계를 잘 나타내 주고 있기 때문이다 (Angle & Perry, 1986). 이러한 맥락에서 조직에 대한 몰입은 이직, 성과 등과 같은 조직유효성 변수들에 유의한 영향을 미칠 뿐만 아니라 조직유효성 변수들을 예측하는 데 뛰어난 유용성을 보이고 있다 (Morris & Sherman, 1981).

따라서 본 연구에서는 다음과 같은 연구목적을 설정하였다.

첫째, 영리조직과 비영리조직의 조직시민행동에 미치는 영향을 분석한 선행연구는 거의 없으므로 본 연구에서 영리조직과 비영리조직 구성원이 조직시민행동에 영향을 주는 공정성, 조직지원인식, 조직몰입을 포함한 모형을 개발하고 검증함으로써 기본적인 이론의 틀을 제공하려고 하였다.

둘째, 영리조직과 비영리조직 구성원의 공정성 지각이 조직지원인식과 조직몰입, 그리고 조직시민행동에 어떠한 영향을 미치는지를 실증분석하였다.

셋째, 조직시민행동에 영향을 주는 조직지원인식, 조직몰입, 그리고 공정성 변수들이 어떤 관계가 있으며, 영리조직과 비영리조직에 미치는 영향에 차이가 있다면 그 원인은 무엇인지 밝히고자 하였다.

넷째, 조직시민행동에 영향을 미치는 변수들에 대하여 영리조직과 비영리조직의 비교 분석 결과를 통하여 영리 및 비영리조직의 인적자원관리의 효율성을 높이는 방안을 제시하였다.

제2절 연구의 방법 및 내용 구성

본 연구는 영리조직 및 비영리조직 구성원의 공정성 지각이 조직시민행동에 미치는 영향을 분석하고, 공정성 지각이 조직시민행동에 영향을 미치는 조직지원인식과 조직몰입에 미치는 영향과 아울러 조직지원인식과 조직몰입이 조직시민행동에 미치는 영향을 분석하기 위한 것이다.

이러한 연구 목적을 달성하기 위하여 우선 연구모형과 연구가설을 설계하기 위하여 선행연구를 토대로 한 문헌연구를 실시하였다. 또한 연구모형과 가설을 설정한 후 실증연구 분석에 필요한 통계자료를 수집하기 위하여 설문지법을 이용하였다.

본 연구의 실증분석을 위해서는 SPSS 12.0을 이용하여 신뢰성 평가를 하고, 타당성과 모형의 적합성을 검정하기 위해 AMOS 5.0을 사용하여 연구모형과 가설 검증을 시도하였다.

본 연구의 목적을 달성하기 위해 내용 구성은 모두 5장으로 구성하였다.

우선 제1장에서는 서론 부분으로 본 연구의 배경이 되는 문제제기와 함께 연구의 목적을 밝히고, 아울러 연구의 방법과 연구 내용의 구성에 대하여 설명하였다.

제2장에서는 조직에 관하여 고찰하였고, 제3장에서는 이론적 배경으로서 조직공정성, 조직지원인식, 조직몰입 및 조직시민행동 간의 관계를 살펴보기 위해 조직공정성의 개념을 정의하고, 조직지원인식, 조직몰입 그리고 조직시민행동에 대하여 살펴보았다.

제4장에서는 이론적 배경을 통하여 각 변수들의 관계가 규명된 내용을 기초로 하여 본 연구 목적에 부합하는 연구모형과 가설을 설정하였다. 특히 각각의 변수들의 조작적 정의를 통하여 변수 측정에 필요한 측정항목을 설정하였다.

제5장에서는 본 연구의 실증분석 부분으로 설문지의 각 항목에 대한 안정성과 일관성 및 예측가능성을 알아보기 위하여 Cronbach's α 계수를 신뢰도 계수로 사용하였다. 또한 각 문항에 대한 타당도 분석으로 확인적 요인분석을 실시하고, 가설을 검증하기 위하여 구조방정식 모형인 경로분석을 사용하며, 이러한 통계처리는 SPSS 12 와 AMOS 5.0을 사용하여 분석하였다. 그리고 분석 결과를 토대로 시사점을 도출하였다.

마지막으로 제6장에서는 연구 결과의 내용을 요약 정리하였고 본 연구의 한계점을 기술하고 추후의 연구방향을 제시하였다.

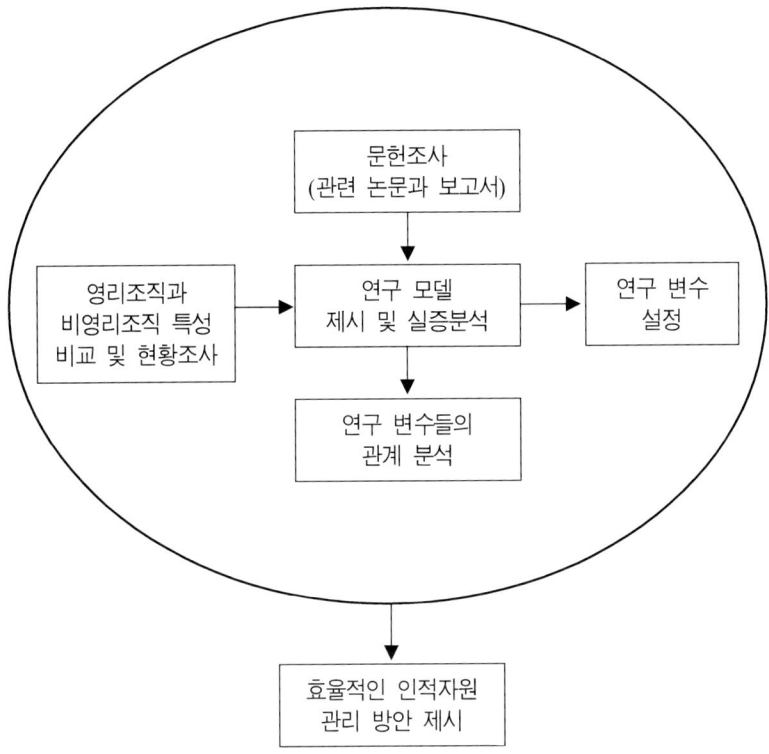

〈그림 1-1〉 본 연구의 구성 체계

제 2 장
조직에 관한 고찰

제2장

제1절 조직과 조직구성원의 관계

1. 조직의 의의와 유형

(1) 조직의 의의

조직(organization)이란 어떤 기능을 수행하도록 협동해 나가는 체계로서 개개의 요소가 일정한 질서를 유지하면서 결합하여 일체적인 것을 이루고 있는 형태를 말한다.

특히 현대사회에서 인간의 생활은 조직 내에서 또는 조직과의 관계 속에서 이뤄지기 때문에 그 중요성은 아무리 강조해도 지나침이 없을 것이다. 이는 사람들이 대부분의 시간을 조직에서 보내기 때문이며, 이러한 점에서 현대사회를 조직사회(organizational society)라 불리기도 한다(김선봉, 2007).

조직은 구성원들이 일을 하는 데 필요한 물리적 장소이자 심리적 공간이라 할 수 있다. 물리적 장소(physical space)로서의 조직은 외형적으로 식별할 수 있는 건물의 지리적 위치나 건물의 크기, 건축에 사용된 자재, 주변 환경과의 지리적 거리 등을 나타낸다. 이러한 요소는 조직 속에서 일하는 구성원에게 여러 가지 면에서 영향을 미치게 된다. 건물의 위치는 업무수행을 방해하지 않는 환경에 자리잡는 것이 효율적이며, 건물의 높이와 넓이 등 크기는 물리적 공간에 불과하지만 업무효율에 영향을 미친다. 또한 건물을 건축하는 데 쓰인 자재의 질(質)에 따라 사람들에게 주는 느낌이 다른데 딱딱한 대리석은 깔끔하지만 차가운 느낌을 주며, 목재는 사람들에게 포근한 느낌을 준다.

이렇듯 조직의 접근에 필요한 물리적 거리는 그 안에서 일하는 조직구성원은 물론 조직과 유·무형의 관계를 맺고 있는 제3자에도 영향을 미치게 된다. 따라서 물리적 공간으로서의 조직은 외부 사람들에게 접근하기 쉽고 조직구성원들에게는 일하기 편안한 장소가 되어야 할 것이다. 특히 공공기관 같은 비영리조직일수록 모든 시민이 접근하기 쉬운 곳에 위치하면 사람들과의 심리적 거리를 좁힐 수 있는 수단이 될 수 있다.

한편 심리적 공간(psychological space)으로서 조직은 구성원들에게 단순히 물리적 공간 이상의 의미를 가진다고 할 수 있다. 조직구성원들은 많은 시간을 함께 보내는 조직을 심리적 공간으로 인식하고 있다. 구성원들은 조직 속에서 심리적 만족을 얻기도 하고, 개인적인 욕구를 표출하기도 한다. 또한 조직 속에서 좌절을 겪기도 하고 삶의 의미를 깨닫기도 하며, 조직 안에서 형성되는 인간관계를 통하여 희로애락을 경험하기도 하고, 조직에서 맡은 일을 통해 성취감을 느끼기도 한다. 따라서 조직은 그 속에서 일하는 사람들에게 육체적으로 편안하고 심리적 안정을 가져다주는 공간이 되어야 함을 의미한다.

또한 조직 내에서는 구성원 간에 여러 역학관계가 존재한다. 주어진 업무가 마음에 들지 않아도 같이 생활하는 구성원들이 좋아서 조직에 머무르기도 하며, 반대로 동료나 상관이 맘에 들지 않아서 조직을 그만두기도 한다. 이런 점에서 심리적 공간으로서의 조직은 조직을 구성하는 구성원들 사이의 사회적 인간관계에 의존한다고 할 수 있다. 구성원 중에서 보기 싫은 사람이 조직에 있다면 조직생활은 고통스럽게 변하고 말 것이며 조직의 효율성을 저하시키게 될 것이다.

그러나 조직구성원의 마음에 드는 사람들만 조직 내에 있지 않다. 이것은 때에 따라서 조직생활에서 자신을 양보하는 자세가 필요하다는 것을 시사해 준다. 조직구성원이 조금 맘에 들지 않더라도 자신을 다른 구성원의 기호에 접근시켜 가고 때로는 자신의 기호를 그들로 하여금 따라오도록 설득하기도 하는 자세가 요구된다. 결국 서로가 공유할 수 있는 부분을 더 많이 만들어 가는 노력이 필요함을 의미한다. 조직생활은 서로 다른 성향과 기호를 가진 사람들이 조직이라는 공동의 목표를 달성하기 위하여 모인 사람들이 꾸려 가는 사회생활이므로 서로를 양보하고 다른 사람들을 이해하는 자세가 필요하다고 할 수 있다.

그러므로 조직은 구성원들의 심리적 안정을 통해 구성원들 상호간에 애정과 신뢰가 형성되고, 구성원의 충성심(loyalty)을 유발하여 업무효율을 높게 되고 궁극적으로 조직목표를 달성할 수 있을 것이다.

(2) 조직의 유형

우리 일상 주변에는 수많은 조직이 존재한다. 기업뿐만 아니라 정부, 대학, 병원, 군대, 가정, 교도소, 시민단체, 종교조직, 노동조합 등 여러 형태의 조직들이 존재하고 있으며, 이러한 조직의 유형을 구분하는 것은 조직의 성격과 활동을 이해하는 데 좋은 길라잡이가 되기 때문이다. 조직을 구분하는 기준은 여러 기준이 적용될 수 있으나 공식성, 강제성, 영리성을 중심으로 살펴본다.

공식성을 기준으로 할 때 공식조직(formal organization)과 비공식조직(informal organization)으로 나눌 수 있다. 공식조직은 조직의 구조, 형태, 규칙, 절차 등이 구조화되어 있는 조직으로서 대부분의 사회조직은 공식조직의 형태를 띤다. 반면에 비공식조직은 조직의 구조와 기능, 형식과 절차 등이 조직화되어 있지 않은 임의적 조직을 말한다. 이 두 조직을 구분하는 가장 중요한 기준은 역시 공식조직은 정해진 형식에 따라 움직이는 반면 비공식조직은 조직을 구성하는 개인 또는 소수의 의사에 따라 움직인다는 것이다. 현실적으로는 공식화의 정도에 따라 결정되기 때문에 정확하게 공식조직과 비공식조직을 구분하기 어려울 때가 많이 있다.

강제성을 기준으로 할 때는 강제조직과 비강제조직으로 나눌 수 있다. 강제조직은 무엇보다도 가입과 탈퇴에 있어서 개인의 의사가 반영되지 않는다는 특성을 가지고 있다. 예를 들면 교도소와 군대와 같이 입·출소가 개인의 의사와는 무관하게 결정된다는 측면에서 강제조직에 해당한다. 반면에 대부분의 조직에서는 가입과 탈퇴가 원칙적으로 개인의 자율적 의지에 따라 결정된다. 개인의 가입여부는 조직이 부여하는 일정한 자격에 따라 결정되지만 조직 활동은 원칙적으로 개인의 자율적 의사에 따라 성립된다는 점에서 비강제조직이라고 할 수 있다.

그러나 강제성을 기준으로 한 경우에도 구분이 쉬운 것은 아니다. 강제적인 조직이라고 해서 구성원들의 모든 행위를 강제할 수 있는 것은 아니기 때문이다. 예를 든다면 가족은 구성원의 본인 의사와는 무관하게 결정되지만 가족 내 활동은 자율성이 발휘될 수 있다. 반면에 비강제적 조직이라고 하더라도 조직 내 활동은 일정한 규칙에 따라 강제되는 것이 일반적이다.

영리성을 기준으로 할 때는 영리조직과 비영리조직으로 크게 구분할 수 있다. 영리조직에는 사기업(private enterprise)을 비롯하여 이윤을 목적으로 하며 개인이 소유권을 행사하는 모든 조직이 포함된다. 반면에 비영리조직에는 정부조직을 비롯하여 공익성(public interest)을 추구하는 병원, 대학, 시민단체 등이 해당한다. 물론 영리성을 기준으로 한 분류에서도 애매한 측면이 있다. 병원은 비영리조직이지만 국립보건소나 구조대를 제외한 대부분의 의료기관은 수혜자에게 진료비를 징수하고 이익을 추구하는 영리행위를 수행하기 때문이다.

그러나 전술한 바와 같이 공식성이나 강제성 및 영리성을 기준으로 하여 조직을 구분하는 데는 여러 가지 한계가 있다. 노동조합은 조합원의 이익을 위해 존재하는 게 원칙이지만 때로는 공익적인 활동을 하기도 한다. 비강제적인 조직이라고 하더라도 강제성을 띤 규칙과 절차에 따라 움직인다. 따라서 조직을 구분하는 이러한 기준은 배타적이라기보다는 상호교환적인 동시에 경계를 획정하기 어렵다는 점을 말해 주는 근거가 되므로 조직의 구분은 별로 실익이 없다고 할 수 있다. 그러나 조직현상을 이해하는데 이러한 구분은 조직의 성격과 방향을 알려주는 길라잡이가 될 수 있기 때문에 유용성을 가지고 있다.

조직이 발달해 온 역사를 살펴보면, 비공식 조직으로부터 공식화가 진행되면서 공식조직으로 발전하여 왔다고 할 수 있다. 공식화가 증가한 배경에는 조직의 성장과 발전이 자리잡고 있다. 즉 조직은 설립 당시에 작은 조직으로부터 점차 성장하면서 관료제적 대규모의 조직으로 나아간다. 이러한 과정을 기능적인 측면에서 보면 공식화는 조직이 내세운 목표를 효율적으로 달성하고 조직 내 개인의 행태를 규제할 수 있게 해 주는 통제장치가 되며, 조직의 목표 달성을 위해서 여러 가지 조직 내 장치를 마련해야 한다.

조직을 구성하는 사람들을 충원하고, 권한과 책임을 규정하며, 목표달성에 공헌하는 구성원들의 행태를 통합할 필요가 있다. 구성원들은 조직의 규칙과 절차를 준수함으로써 조직의 목표달성에 이바지하게 되며, 이러한 조직의 구조화가 곧 공식화의 정도를 나타낸다고 할 수 있다.

조직의 구조화와 공식화는 오랫동안 반복되면서 조직을 경직적으로 만들 가능성도 내포하고 있다. 조직의 이러한 성격은 오히려 목표달성을 방해하고 환경변동에 대한 적응을 어렵게 만들기도 한다. 그래서 현대조직이론에서는 경직성을 완화하기 위한 여러 가지 전략을 만들어 내었다. 조직혁신이라는 이름으로 진행되는 조직의 수평화(flattening of organizations)는 이러한 경직성을 줄여 환경에 적응함으로써 조직의 생존율을 높이기 위해서라 할 수 있다. 이러한 점에서 조직은 평소에 주의를 기울여 조직의 경직화를 예방하는 노력을 게을리 하지 말아야 할 것이다.

2. 조직과 구성원의 관계

조직은 개인을 떠나서 존재할 수 없는데 이는 사람들이 조직을 구성하는 가장 중요한 요소이기 때문이다. 이미 존재하는 조직에 개인이 가입(join)할 때 개인의 조직생활이 시작되며, 조직이 개인을 조직에 받아들일 때는 일정한 제도적 과정과 절차에 따르게 된다고 할 수 있다.

조직은 활동을 수행하기 위하여 사람들을 조직에 끌어들인다. 물론 개인은 자신의 욕구나 목표를 가지고 자발적으로 조직에 가입하며, 마찬가지로 조직은 필요한 사람들을 일정한 자격과 기준에 따라 선발한다. 개인이 원한다고 해서 조직이 모든 사람들을 무조건 언제나 참여시키는 것은 아니며, 조직은 필요한 인력을 가장 효율적인 방법을 통하여 구성원으로 받아들이게 된다.

조직에 가입한 개인은 조직에게 필요한 지식, 기술, 경험 등 개인이 갖고 있는 여러 가지 자원을 조직에게 제공한다. 업무를 수행한다고 해서 개인이 무엇이든지 아무렇게나 하는 것이 아니고 조직은 구성원들이 해야 할 일을 정해 주게 된다. 개인은 조직이 정해 준 범위 내에서 업무를 수행한다. 조직은 각 개인에게 업무를 수행할 수 있는 권한을 부여하고, 업무의 달성여부를 감독하고 결과에 대한 책임을 부담시키게 되는데 여기에서 바로 개인이 갖고 있는 능력이 드러날 수 있다. 능력(competence)이란 개인이 조직의 목표달성에 필요한 업무를 성취하는 능력을 말한다. 물론 이러한 개인의 노력이 통합되어 객관적으로 나타나는 것이 조직능력(organizational competence)이다. 물론 개인 능력의 단순한 총합이 조직능력과 동일한 것은 아니다.

개인의 이러한 공헌(contribution)에 대하여 조직은 여러 가지 형태의 보상(rewards)을 제공한다. 보상에는 경제적 보상을 포함한 물질적 보상이 있는가 하면 상장, 인정, 칭찬 등과 같은 비물질적 보상으로 크게 나눌 수 있다. 연봉, 월급, 상여금 등이 경제적 보상에 해당하며, 상장을 수여함으로써 자긍심을 느끼게 해 주는 것은 비물질적 보상에 해당한다고 할 수 있다. 물질적 보상을 외생적(extrinsic) 또는 유형적 보상이라고도 하며, 비물질적 보상을 내생적(intrinsic) 또는 무형적 보상이라고 하며, 이러한 조직의 보상은 사람에 따라 서로 다르게 지각한다. 어떤 사람은 물질적 보상을 더 중요하게 생각하는 반면에 또 다른 사람은 비경제적인 보상을 선호할 수도 있다. 그러나 대부분의 사람들은 물질적 또는 경제적 보상을 더 선호하고 있다는 견해가 일반적이라 할 수 있다. 따라서 조직은 두 가지 보상방법을 적절히 조합하여 실시할 필요가 있으며, 어느 쪽이든 간에 지나치게 보상에 인색하게 되면 조직의 효율성을 저하시키게 될 것이다.

조직의 보상은 일정한 기준과 절차에 따라 개인에게 주어지게 된다. 이러한 원칙과 절차를 체계화시켜 놓은 것을 소위 보상체계(reward system) 또는 유인체계(incentive system)라고 하며, 구성원들의 동기 유발을 위하여 조직이 반드시 갖추어야 하는 내부구조의 하나라 할 수 있다. 보상의 기준에는 여러 가지가 있으나 크게 두 가지로 나눌 수 있다. 하나는 조직에 가입해서 조직에 남아 있는 기간을 기준으로 하는 방법이고, 다른 하나는 기간에 관계없이 개인이 수행하는 성과에 따라 보상을 지급하는 방법이다. 기간에 따른 방법을 연공서열(senior system)이라고 하고, 성과에 따른 방법을 성과급

(merit system)이라고 한다. 조직은 대개 이 두 가지를 조합하여 연공서열에 성과급을 추가하는 방법을 활용하고 있다. 이것은 단순히 연공서열에 따르면 직원들의 나태함과 안일함을 조장할 수 있으며, 성과급에만 의존하면 지나친 경쟁을 유발함으로써 개인의 심리적 안정감을 해칠 수 있기 때문이다.

조직은 조직의 유지를 위하여 구성원들에게 적합한 일을 제공해야 한다. 가능하다면 개인의 적성이나 기호를 파악하여 그에 알맞은 업무를 수행하게 하는 것이 바람직할 것이다. 조직으로서는 물론 부적합한 구성원들을 해고하고 새로운 적격자를 채용할 수 있으나 다른 조건이 동일하다면 현재 있는 구성원을 적합한 업무에 배치하거나 훈련시켜 활용하는 것이 경제적인 방법일 것이다. 이것은 조직에 대한 구성원의 충성심을 확보할 수 있는 효과적인 방법인 동시에 인적자원관리에도 도움이 된다고 할 수 있다.

제2절 영리조직과 비영리조직의 특성 비교

최근 들어 영리조직인 기업과 시민단체 등 비영리조직에 있어서 인적자원관리의 중요성이 한층 강조되고 있을 뿐만 아니라 영리조직과 비영리조직 사이에서 상호 강점들을 학습하는 사례가 많이 나타나고 있다.

영리조직인 기업과 비영리조직의 관계는 전통적으로 기부자와 수혜자라는 불평등한 관계에 있거나 또는 정치적 적대관계가 존재하였지만, 이제는 갈등과 대립의 관계를 넘어 상호 간의 이익을 추구하는 전략적인 동반자 관계로 발전하기도 하고 조직의 효율적인 관리 방안을 위하여 기업과 비영리조직 영역 간의 장벽을 허물어뜨리는 새로운 패러다임의 전환이 모색되고 있다.

1. 비영리조직의 개념과 중요성

(1) 비영리조직의 개념

조직(organization)이란 어떤 기능을 수행하도록 협동해 나가는 체계로서 개개의 요소가 일정한 질서를 유지하면서 결합하여 일체적인 것을 이루고 있는 형태를 말한다. 특히 현대사회에서 인간의 생활은 조직 내에서 또는 조직과의 관계 속에서 이뤄지기 때문에 그 중요성은 아무리 강조해도 지나침이 없을 것이다.

이는 사람들이 대부분의 시간을 조직에서 보내기 때문이며, 이러한 점에서 현대사회를 조직사회(organizational society)라고 할 수 있다(김선봉, 2007). 그러나 조직사회라 불리는 현대사회에서 가장 두드러진 특징은 비영리조직의 성장과 발전에 있으며, 그 영향력 또한 무시할 수 없을 정도로 급속히 성장하고 있다는 점이다. 비영리조직의 성장과 발전은 영리를 추구하는 기업조직뿐만 아니라 사회조직 전체의 순기능을 한층 고도화시킬 수 있는 기회를 제공해 주고 있다.

비영리조직이란 영리를 목적으로 하지 않는 조직을 의미한다. 비영리조직은 특정인의 이해와 영리를 목적으로 설립되어 운영되고 있는 영리조직과 대비되는 개념으로 일반 조직사회의 공익을 목적으로 설립되어 비영리사업을 영위하는 모든 조직을 말한다. 정부조직이나 영리를 목적으로 하는 기업은 이 정의에서 제외되며, 사회복지사업, 교육사업, 장학사업, 연구와 학술활동의 영위 내지 지원, 교화, 종교사업, 자선사업 등의 사업을 영위하는 조직 등이 해당된다. 따라서 여기에는 대학, 교회 등 종교기관, 적십자사, YMCA 등의 시민단체, 병원, 복지기관, 지역사회협회 등 다양한 기관과 단체들이 포함되어 있다.

Salamon(1995)에 의하면 비영리조직은 사적으로 관리되는 조직이지만 이윤을 추구하지 않으며, 조직구성원이 아니라 광범위한 공공을 원조하는 것을 목적으로 하며, 자원을 배분하는 것이 아니라 다른 서비스 제공자들에게 서비스를 제공하는 조직으로 정의하고 있다.

이에 대한 국내 연구자의 논저를 살펴보면, 제진수(1999)는 비영리조직(non-profit organization)은 이윤획득을 목적으로 하지 않고 공익활동을 전개하는 민간의 법인조직으로 정의하고 있으며, 이균봉(1999)은 비영리조직은 일반적으로 사회적, 교육적, 또는 자선 목적으로 조직된 단체(enterprises)로서 보통 다른 주체에게로 이전할 수 있는 소유권을 나타내는 지분을 갖지 아니하며, 구성원이나 기부자들이 당해 실체로부터 어떠한 직접적인 경제적 이익도 받지 않는 단체라 정의하고 있다. 박상필(1998)은 비영리단체는 다양한 문화적 특성과 가치를 가진 개인이 자발적 참여와 연대를 통하여 공공서비스를 제공하거나 공동의 목적을 추구하는 조직으로 그 의미를 해석하고 있다.

(2) 비영리조직의 중요성

한 사회의 경제적 활동은 주로 시장에서 영리를 추구하는 민간조직의 기업과 국민들의 복리를 증진시키는 것을 목적으로 한 정부조직에 의해 이루어지고 있다. 그러나 현대 사회에서는 시장과 정부의 영역을 벗어난 민간의 비영리조직에서 많은 경제활동이 이루어지고 있다. 우리 사회의 많은 구성원들은 직접 또는 간접적으로 비영리조직의 활동과 관계를 가지고 있거나 비영리조직에서 제공하는 재화나 서비스의 수혜자로서 생활을 하고 있다.

이러한 사실은 최근에 와서야 사회의 많은 관심을 불러일으켰고, 비영리조직의 활동에 대한 중요성을 인식하게 되었다. 특히 경제가 성장하고 소득 수준이 향상되면서 사회 구성원의 가치관은 다양화되었으며, 비영리조직이 수행해야 할 역할 또한 달라지고 있기 때문에 그 규모와 기능 면에서 비영리조직의 역할과 중요성이 강조되고 있다.

민간의 자율을 부추기고 정부의 개입을 최소화하려는 현대의 작은 정부라는 표현에서 그 의미를 알 수 있듯이 사회의 모든 것을 정부가 집약하고 간섭해야 한다는 생각이 지배하던 시대는 사라지고 다원화된 수요를 민간에서 해결하려는 사고방식이 중요하게 되었다. 바로 이러한 활동을 실현하기 위해 조직되고 그 역할을 수행하고 있는 것이 비영리조직이라 할 수 있다. 사회를 유지하고 발전시키는 동력을 더 이상 정부의 획일적인 힘에 의지할 수 없는 시대가 되면서 사회를 유지하고 발전시키는 데 있어서 비영리조직이 중요한 의미를 갖게 된 것이다.

미국과 서구 선진국의 경우를 살펴볼 때, 비영리조직은 사회의 한

축을 구성하면서 사회의 변화와 공공 서비스 제공에 중심 역할을 맡고 있다. 또 후발 주자에 속하는 일본의 경우 1995년 1월 6천 명에 가까운 사상자를 낸 한신 대지진 때 비영리조직 자원 봉사자들의 원조를 받으면서 그 중요성을 인식하게 되었고, 그 결과 1996년 12월에는 의회에 '비영리조직법안'이 제출되기도 하였다. 그로 인해 일본 국민 전체에게 비영리조직의 존재가 강하게 인식되었고, 비영리조직은 '시민권'을 획득하게 된 바 있다. 그러나 이와 같이 비영리조직이 상당수 국가에서 일상생활의 한 부분으로 자리잡으며 중요한 존재로 인식되는 것과는 달리, 아직 국내에서는 타 국가와 비교해 볼 때 비영리조직의 필요성과 중요성에 대한 인식이 여전히 부족한 실정이다.

비영리조직은 기업과는 달리 이윤 극대화의 요구로부터 비교적 자유롭기 때문에 사회문제 해결에 있어서 정부나 기업보다 더욱 효과적이라 할 수 있다. 이에 대다수의 일반 국민은 여러 가지 사회문제를 해결하는 데에 있어서 시민단체를 비롯한 각종의 이해관계를 가지고 있는 비영리조직이 적극적으로 참여해 줄 것을 희망하고 있는 것이다.

그러나 비영리조직은 비영리조직이 갖는 특수성으로 인해 조직 효율성을 추구하는 경제시스템이나 책임을 강조하는 사회일반에 의해 많은 비판을 받고 있는 것이 사실이다. 그러므로 이러한 비판을 극복하고 보다 효율적이고 성공적으로 활동하기 위해서 비영리조직의 경영성과를 평가하고 경영활동의 효율적인 운영을 통한 고유의 역할 수행이 요구되고 있다.

2. 영리조직과 비영리조직 특성 비교

21세기 현대사회에서 영리조직인 기업은 사회를 구성하는 중요한 단위조직체이며, 사회라는 울타리를 벗어나서 존재할 수 없는 조직이라 할 수 있다. 기업 활동은 단순히 경제적인 활동으로만 끝나지 않고 정치, 사회, 문화 전반의 영역에 영향을 미치는 사회적 중요성을 가지고 있다. 동시에 기업을 둘러싸고 있는 환경이 복잡다단해짐에 따라 기업에 대한 사회의 요구도 점차 증대되고 있다. 국가와 사회에서 기업의 비중을 감안하면 더 이상 기업의 경제적 역할뿐만 아니라 사회적인 역할을 부정하기 어려운 것이 현실이며, 기업의 사회적 책임은 그 어느 때보다도 중요하게 부각되고 있다(이명신, 2003).

또한 사회 구성원은 높은 질적 수준과 다양한 서비스를 원하지만 국가의 지원은 제한되어 있어 각종 공공서비스를 제공하는 비영리조직의 역할이 증대되고 있다. 이러한 비영리조직은 법과 질서의 필수적인 구조를 제공하고 일반적인 복지증진의 목적을 가진 정부기관도 아니고, 영리를 추구하는 기업도 아니면서 자체의 관리절차를 가지고 어떤 공공목적에 봉사하는 단체이다. O'Neill(1989)은 비영리조직을 병원, 환경운동단체, 종교단체, 사립대학, 박물관, 컨트리클럽 등 광범위한 범위로 규정하고 있다.

이러한 점은 비영리조직이 가지는 특성에서 그 해답을 찾을 수 있는데, 비영리조직은 공통목표, 유효성, 투명성, 민주성, 연대성 등의 경영적 특성을 갖고 있으며, 권력기구에 대한 감시와 견제, 비판과 대안제시, 사회정의 구현과 권익옹호활동, 휴먼서비스 제공, 교육적 기능, 시민과 정부의 창구 등의 역할을 수행하고 있기 때문이다.

이러한 측면에서 비영리조직이 지니고 있는 특성을 살펴보면 다음과 같이 요약할 수 있다.

첫째, 비영리조직은 영리조직과 같은 조직체(organizations)라는 점이다. 비영리조직도 어느 정도는 제도화 및 기구화되어 있으며, 비록 그것이 사람들의 일상생활에 있어 상당히 중요한 것일지라도 임시적이고 비공식적인 모임은 비영리부문의 한 부분으로 간주되지 않는다.

둘째, 비영리조직은 민간단체라는 점이다. 제도적으로 정부로부터 독립되어 있다는 것으로 비영리조직은 정부기구의 일부분도 아니며, 정부 관료에 의해 운영되는 기관에 의해서도 지배되지 않는다. 그러나 이것이 이들 비영리기관이 정부로부터 지원을 받지 않는다는 것을 의미하지는 않는다.

셋째, 이익을 분배하지 않는다는 조직이라는 특성을 가지고 있다. 비영리조직은 소유주 혹은 기부자들에게 이익을 돌려주지 않는다. 비영리조직의 경우에도 한 회계연도에 있어 수익을 축적하지만 그 수익을 기관의 설립자들에게 분배하지 않으며, 기관의 기본목적과 부합하는 분야에 재투자하여야만 한다. 이러한 점이 비영리조직을 다른 영리를 추구하는 기업들과 구별되는 특징이라 할 수 있다.

넷째, 비영리조직은 자치성을 지니고 있다. 자기 자신의 활동을 통제하고 조절한다는 의미를 내포하고 있다. 비영리조직은 자치를 위해 그들 자신의 자체적인 의사결정절차를 가지고 있으며, 자기 외의 조직에 의해 통제 받지 않는다.

다섯째, 비영리조직은 자발성을 가지고 있다. 이는 조직의 활동과 운영에 자발적으로 참여하는 것을 의미한다. 일반적으로 이사회는 자원봉사자로 구성되며, 스텝들도 역시 수많은 자원봉사자로 구성되는 것이 일반적이다.

마지막으로 비영리조직은 공익성의 성격을 지니고 있다. 일반적으로 비영리단체들은 공공의 목적에 이바지하며 사회의 공익에 기여함을 목적으로 그 역할을 수행하고 있다.

〈표 2-1〉 영리조직과 비영리조직의 비교

구 분	영리조직	비영리조직
목 적	이윤추구 및 소유자의 이윤극대화 도모하고 효율성과 반응성에 따라 보상하고 행동함	이윤을 구성원에게 분배하는 것이 금지되고 공익서비스 제공이 목적이므로 사명 지향적임
재원출처	소비자에게 재화와 용역의 판매를 통한 수입	기부금, 정부보조금, 서비스 요금 등 다양함 면세 및 정부보조금이 기업에 비해 많음
소유권 지분	매각, 이전, 청산의 경우 잔여재산 배분참여로 명확한 소유권 있음	명확한 소유권 지분 없음
활동인력	임금을 받는 조직구성원	자원봉사자
행동원리	사회에 대한 감시기능을 통한 사회공헌	기업의 사회적 책임을 통한 사회공헌
수행기능	경제적 과업의 수행과 혁신, 성공적 실험의 상용화, 변화에 대한 적응, 복잡하고 기술적인 업무 수행	개인에 대한 동정과 헌신 필요, 고객입장에서 신뢰를 요구하거나 직접적이고 개인적인 관심 필요, 도덕적 행동과 책임 요구 업무 수행

또한 비영리조직을 인적자원관리적인 입장에서 그 특징을 다음과 같이 요약할 수 있는데, 비영리조직은 노동집약적인 분야, 명확한 소

유권 결여, 재화와 서비스의 복잡성, 전문가에 의존, 스텝과 자원봉사자의 참여, 전문성과 가치 지향적 성향 등의 특징을 가지고 있다.

물론 영리조직과 비영리조직은 무엇보다도 존재 목적에서부터 근본적인 차이가 있다. 영리조직은 이윤을 극대화하는 것을 최고의 목적으로 삼고 그것을 성취하기 위하여 모든 방법들을 동원한다. 여기서 이윤 추구란 장기적인 관점에서의 이윤 추구를 말하는 것이므로 단기적으로는 손해를 보는 경우도 있을 수 있으나 궁극적으로는 자기 이윤을 추구하는 것을 목적으로 표방하는 조직을 말한다. 이렇게 이윤 추구라는 명백한 목표가 있기 때문에 해야 하는 활동들도 비교적 명확하게 된다.

반면 비영리조직은 사회후생을 극대화하는 것을 최고의 목적으로 삼고 있다. 하지만 이것은 당사자가 많고 목표 자체도 영리조직에 비해 상대적으로 애매모호하여 목표달성에 있어서 많은 어려움을 안고 있다. 예를 들면 빈곤에 따른 어려움을 경감시킨다든가 환경을 보호하는 등의 조직마다 다르고 구체적인 목표를 가지기는 하지만 여전히 포괄적이라 할 수 있다.

앞서 살펴본 바와 같이 영리조직과 비영리조직은 존재하는 이유가 다르기 때문에 활동하는 환경이 다르고 비전이 다르고 전략이 다르고 따라서 조직구조도 다를 수밖에 없다. 이는 조직구조가 전략에 따라 가장 적합한 구조를 가지는 것이 효율적이기 때문이다. 그러나 오늘날에 이르러서는 두 조직 간의 경계가 허물어지고 애매모호해지는 것이 현실이다. 영리조직은 더 이상 영리만 추구해서는 고객들로부터 외면당하고 문을 닫을 수밖에 없게 되었으며, 비영리조직은 이윤 없이 사회후생을 극대화시키는 데에는 한계가 있기 때문에 비영리조직도 스스로의 재정을 확보할 필요성이 대두된 것이다. 사회가 복잡해지고 경쟁이 치열해지면서 각종 사안과 결과들이 서로 연관을 가지게 되었고 서로 영향을 끼치게 되었기 때문이다.

사회적 소명과 대의에 의해 운영되는 비영리조직과 이윤창출에 집중하는 기업 간 목표의 차이, 문화의 차이, 세계관의 차이 등은 파트너십에 있어 상호 간 신뢰를 필요로 하며, 또한 조직 내부의 효율적인 운영에도 지속적인 관심을 가지고 구성원의 조직에 대한 인식 전환과 자발적인 행동의 유도를 위한 부단한 노력이 필요할 것이다 (안영식, 2004).

영리조직이든 비영리조직이든 앞으로 지속적인 성장과 발전을 위해서는 조직의 내부관리적인 문제를 현명하게 풀어나가야 할 것이다. 특히 비영리조직은 외형적인 성장 못지않게 조직 체계와 조직 구성원에 대한 관리를 통해 조직 내부의 효율적인 운영의 묘가 더욱 필요하다고 할 수 있다.

3. 비영리조직의 효율성

비영리조직은 앞서 서술한 바와 같이 공공의 목적, 즉 의료나 교육, 과학지식, 사회복지 및 사상의 자유로운 표현의 증진 등에 이바지하는 일련의 조직의 집합이다.

비영리조직은 기업이 제공하기에 한계를 느끼는 서비스를 제공하기도 하고, 정부와 기업이 제공할 경우 신뢰받지 못하는 분야의 서비스를 제공하고 있다. 또한 비영리조직은 자본주의 시장경제체제에서 제공하지 못하는 사회의 안전망에 영향을 미칠 수 있는 기초적인 사회서비스와 함께 정부가 제공하여야 할 서비스에 대하여 행정의 비효율성과 관료주의, 획일성에 기인하여 민간부문에 위탁하여 제공하는 것이 더욱 효과적이라고 알려진 서비스를 제공하고 있다.

효율적인 비영리조직이 되기 위해서는 비영리조직이 지니고 있는 다양한 자산과 능력에 기인하고 있는 긍정적인 대중적 이미지, 고객 및 시장에 대한 접근, 광범위한 인적 네트워크, 지역사회 리더들과 영향력 있는 리더들과의 관계, 조직의 전문성 및 다양한 프로그램 등이 강조되어야 한다. 이러한 점에서 비영리조직은 영리조직에게 이익창출의 기회를 다양하게 제공할 뿐만 아니라 비영리조직이 영리조직을 도와서 책임 있는 기업시민으로 변모해 가도록 돕기도 한다. 이윤을 추구하며 사업을 이끌어 가는 영리조직들에게 다소 어려운 점이 있기는 하나 비영리조직과의 협력을 통해 사회발전과 공익증진에 상당한 기여를 할 수 있고 이를 가능토록 비영리조직이 촉진제가 되기도 한다.

아울러 비영리조직은 혜택받지 못하는 사회적 약자와 소수자에게 기초적인 사회서비스를 제공함으로써 사회안전망으로서의 기능을 수행하고, 이들을 보호하고 학습하며, 훈련할 수 있는 기회를 제공하고 있다. 또한 대중 사회의 네트워크로서 시민의 권리를 옹호하는 역할을 수행함으로써 대중이 공공가치를 습득하고 보존할 수 있는 기회의 장을 제공하고 있다. 이러한 메커니즘을 통하여 개인의 측면에서는 자아실현의 기회가 제공될 수 있는 계기를 마련해 주고 있고, 사회적 측면에서는 열린사회를 통하여 사회적 통합의 기회를 제공해주고 있다.

Drucker는 현대의 대규모화되고 복잡화된 비영리조직의 발전 속에서 기업조직이 비영리조직으로부터 배워야 할 교훈으로 5가지를 들고 있다. 지식근로자의 동기부여와 생산성 향상, 조직의 경영이 사명과 사명의 완수로부터 출발, 외부세계, 즉 환경과 공동체 그리고 잠재 고객에 대한 관심에서 출발, 이사회의 효과적인 운영, 체계적인 교육과 훈련의 시행 등을 강조하고 있다. 이렇듯 비영리조직은 자본주의 시장경제체제에서 해결할 수 없는 문제에 대해 시장과 정부의 매개 역할을 수행함으로써 사회적 통합과 안전망을 강화하는 역할, 즉 사회서비스 제공과 시민권리 보호를 통하여 가치의 수호자로서 효율적인 기능과 역할을 수행하고 있다.

그러나 비영리조직은 열악한 재정과 상근자의 처우 개선 등 아직 운영관리에 있어서 개선해야 할 과제들을 안고 있다. 즉 비영리조직이 앞으로 지속가능한 발전을 위해서는 조직 내부의 관리적인 문제를 현명하게 풀어나가야 할 과제가 있다.

비영리조직은 영리조직과 정부에 비해 효율적인 문제해결의 용이성을 지니고 있으나 더욱더 효율성을 가지기 위해서는 조직 체계와 조직구성원에 대한 관리 등 조직 내부의 효율적인 운영에도 관심을 가지고 대처해 나갈 수 있어야만 향후의 지속가능한 발전을 기대할 수 있을 것이다.

제 3 장
연구의 이론적 배경

제3장

제1절 조직공정성에 관한 고찰

조직공정성(organizational justice)이란 조직구성원들이 조직 내에서 실시되고 있는 제도 및 의사결정들이 어느 정도 공정하게 실시되고 있는가의 정도이다(서재현, 2000). 즉 조직은 공동의 목표를 지닌 사람들의 집합이며, 이를 통하여 조직과 조직에 속한 구성원들은 자신들의 목표를 달성하기 위한 노력을 추구하게 된다.

대부분 사람들이 조직에 참여하게 되는 원인은 다양한 측면에서 찾을 수 있으나 그 무엇보다 조직에 소속됨으로써 경제적·사회적 안정과 더불어 심리적 안정을 확보하고 이를 통하여 자신의 욕구와 목표를 실현시켜 나가는 데 있다. 따라서 조직과 조직구성원의 계약관계가 지속적으로 유지되기 위해서는 상호 간의 경제적·심리적 계약을 이행하기 위한 노력이 무엇보다 선행될 필요가 있으며, 특히 조직구성원의 입장에서는 자신에 대한 조직의 보상이 기대수준을 충족시킬 수 있을 정도로 유지될 수 있어야 한다.

물론, 무엇보다 종업원의 보상에 대한 공정성 지각은 성과로부터 연유하는 금전적인 이득이나 손실 그리고 조직성과와 밀접한 관계를 맺고 있다는 점에서 대단히 중요하며, 또한 보상은 조직과 사회에서 지위와 성공을 나타내고 있을 뿐만 아니라 개인소득의 큰 부분을 차지하고 있으므로 조직공정성을 연구하기 위한 유용한 수단이 된다는 측면에서 중요한 의미를 지니고 있다(백범기, 1997).

1. 조직공정성의 개념과 관련 이론

조직공정성이란 조직 내에서 실시되고 있는 모든 제도 및 의사결정이 어느 정도 공정하게 실시되고 있는가에 대한 조직구성원의 지각을 말한다(황호영·최영균, 2003).

원래 공정성의 개념은 아담스(Adams)의 공정성이론[1]에 그 뿌리를 두고 있으며, 아담스는 투입과 산출의 비율로 각 개인의 투입과 산출의 비율을 자기와 관련이 있는 타인과 비교하여 자신의 투입에 대한 성과보상의 비율이 공정하다고 지각되면 이를 유지하기 위한 노력을 하고, 이는 기업성과에 긍정적인 영향을 미치지만 그렇지 않으면 불공정을 시정하기 위하여 노력하므로 이는 일반적으로 기업성과에 부정적인 영향을 미친다고 주장하였다(조의영, 2005).

---

1) 공정성이론(equity theory)은 고용관계에서 이루어지는 상호교환적 행위의 공정성과 공평성을 다루는 이론으로 개인과 개인 또는 개인과 조직 간의 교환관계(exchange relationship)에 초점을 두고 있다. 즉 교환과정에 있어서의 지각된 불균형이 갖는 동기적 효과를 설명하는 이론으로 공정성이론은 자신과 타인과의 주고받는 교환과정을 분석대상으로 하고 있다.

공정성에 대한 체계적인 이론을 세운 사람은 Homans(1961)로서 그는 인간의 사회적 행동을 상호 간의 교환에 투입하는 희생(cost)을 최소화시키면서 동시에 교환으로부터 얻어지는 보상(reward)을 최대화시키는 것으로 파악하고 공정성이란 행위자가 교환관계에서 발생하는 희생과 보상 간의 비율에 대한 개인이 갖는 기대치라고 보았다.

또한 Greenberg(1990)는 공정성의 선행연구와 미래 연구 방향에 대한 고찰을 통하여 공정성에 대한 연구가 다양한 조직행위의 결과변수들을 설명할 수 있음을 주장한 바 있고, Alexander & Ruderman(1987)은 공정성은 종업원의 태도, 조직의 성과, 상사와의 관계 등 조직 내의 다양한 변수들과 밀접한 관련성을 가지고 있다고 주장하였다.

이러한 공정성이 특히 조직몰입 또는 조직시민행동에 미치는 영향을 분석한 연구는 주로 분배공정성과 절차공정성에 분석의 초점을 맞추어 진행되어 왔다. Greenberg(1987)는 분배공정성은 보상배분의 공정성에 초점을 두는 반면 절차공정성은 그와 같은 배분결정을 내리기 위해 활용되는 절차의 공정성에 초점을 둔다고 하였다. 임준철·윤정구(1998)는 분배공정성은 종업원이 받고 있는 보상의 총량이 조직에 대한 기여에 비하여 얼마나 적절한가에 대한 인지 정도로 정의하고, 절차공정성은 보상의 총량을 결정하는 데 이용되는 수단이나 절차가 얼마나 공정한가에 대한 인지 정도로 정의하였다.

Moorman(1991)은 분배공정성은 임금만족과 같은 결과에 직접적인 관련성을 가진 태도를 예측한 것과 관련되어 있으며, 절차공정성은 조직의 시스템, 제도, 권위를 평가하는 것과 관련되어 있다는 것이다.

또한 Greenberg(1986), Gorden & Fryxell(1989)은 그간 이루어진 분배공정성과 절차공정성에 관한 연구에서 분배공정성은 결과 측면, 즉 결과의 평가와 관련되어 있으며, 절차공정성은 조직의 시스템 측면, 즉 체계의 평가와 관련이 있음을 입증하였다. Konovsky, Folger & Cropanzano(1987), Folger & Konovsky(1989), Sweeney & McFarlin(1993) 등은 분배공정성과 절차공정성이 조직몰입에 유의한 영향을 미치나 절차공정성이 분배공정성보다 조직몰입에 더 큰 영향을 미친다는 것을 실증적으로 검증하였다. Martin & Bennett(1996)은 분배공정성보다 비용이 적게 드는 절차공정성의 확보는 구조조정이나 다운사이징 등으로 기업이 근로자에게 분배할 자원이 부족한 상황에서는 더욱 효과적인 조직유효성 증진방안이 될 수 있다는 것이다.

반면 Farmer, Beehr & Love(2003)는 조직공정성과 조직몰입 간의 상관관계를 실증 분석한 결과 분배공정성이 절차공정성보다 조직몰입에 더 많은 영향을 미친다는 결과를 도출하여 상반된 연구보고를 한 바 있다. Dittrich & Carroll(1979), Scholl, Cooper & McKenna(1987), Organ(1988)은 공정성에 대한 조직구성원의 지각이 조직시민행동을 유도하는 하나의 변수로 작용할 수 있음을 밝혔다.

Konovsky & Folger(1991)는 절차공정성 인식이 조직구성원의 이타적 행동에 정의 영향을 미치며, Moormam(1990) 역시 절차공정성이 조직시민행동에 정의 영향을 미친다는 사실을 발견하였다. Konovsky & Pugh(1994)는 분배공정성과 절차공정성이 조직시민행동에 직접적으로 관계될 뿐만 아니라 매개역할도 하고 있음을 발견하였다. Netemeyer et al.(1997)은 조직구성원들이 리더가 공정한 의사결정을 할 때 직무만족이 높아지고 궁극적으로는 조직시민행동으로 이어진다고 제시하였다. 이러한 연구결과들을 볼 때 분배공정성과 절차공정성이 조직몰입과 조직시민행동에 영향을 미친다는 점을 알 수 있다.

한편 조직공정성은 거시적인 관점과 미시적인 관점에서 접근법을 나누어 볼 수 있다, 거시적인 관점은 철학적 차원에서의 공정성이 근세까지 지속적으로 이어져 왔으며, 철학자들은 주로 개념적 정의와 조건에 관한 공식적인 원칙을 확립하고, 정의가 존재하기 위하여 충족되어야 할 조건들을 구체화시키고자 하였다. 따라서 철학적 관심은 다분히 사변적이고 당위론적이었으며 정의에 관한 객관적인 접근을 시도한 것으로 볼 수 있다(김명언·이현정, 1992).

반면 미시적 차원에서의 공정성에 대한 연구는 주로 심리학자들에 의해 이루어졌다. 특히 Adams(1965)의 공정성이론은 그와 같은 연구를 보다 구체화시키고 객관적 실체가 아닌 개개인의 심리적 과정이 능동적으로 개입되어 구성되는 심리적 구성체로 보았다. 이들은 정의라는 표현보다는 공정성(fairness), 형평성(equity) 등의 표현을 사용하였다. 심리학자들에 의해 거론된 미시적 차원에서의 연구는 상당히 사실 중심적이고 현상학적이었으며, 공정성에 대한 개인의 지각과 반응에 따르는 심리적 기대를 나타내고 있다.

조직심리학적 차원에서 조직공정성을 구분함에 있어 크게 두 가지의 차원, 즉 내용(content)과 절차(process)에 의한 기준을 적용하여 왔다. 더 나아가 Greenberg(1987)는 조직공정성이론에 대한 검토를 통해 조직공정성 이론들을 <표 3-1>과 같이 내용 또는 절차의 차원과 반응적(reactive) 또는 전향적(proactive) 차원으로 구분하여 설명하고 있다.

구 분		내용 - 절차 차원	
		내 용(content)	절 차(process)
반응적 - 전향 적 차원	반응적 (reactive)	공정성 이론 (Adams, 1965)	절차공정성이론 (Thiba & Walker, 1975)
	전향적 (proactive)	공정성판단이론 (Leventhal, 1980)	배분선호이론 (Leventhal et al, 1980)

자료: J. Greenberg(1987), "A Taxonomy of Organizational Justice Theories", *Academy of Management Review, 12*, pp.9 - 22.

즉 공정성에 관한 이론이 산출 결과의 공정성에 초점을 두는가 아니면 산출의 결정에 활용되는 절차에 초점을 두고 있는가에 따라 내용과 절차의 차원을 구성하며, 불공정에 대하여 사람들이 어떠한 반응을 보이는가, 혹은 공정한 상태를 만들기 위해 개인이 어떠한 행위를 보이는가에 따라 반응적 또는 전향적 차원으로 구분될 수 있다.

공정성에 관한 연구들은 투입과 산출의 비교결과로 지각된 공정성 내지 불공정성이 동기유발의 바탕이 된다는 핵심내용을 담고 있으며, 주로 조직 내 보상 문제를 통해 이론의 효과가 검증되어 왔다. 공정성 연구자들의 중요한 관심 중에 하나는 사람들이 적절하다고 생각하는 보상을 받지 못했을 때 어떤 대응 형태를 보일 것인가 하는 것이다. 특히 조직구성원들이 자신이 받고 있는 대우에 대해 어떻게 반응할 것인가를 이해하기 위해서는 교환 이론적 관점에 바탕을 둔 분배공정성과 절차공정성에 대한 이해가 필요하다.

(1) 분배공정성

분배공정성(distributive justice)은 의사결정과정을 거쳐 최종적으로 지급되는 임금, 승진, 조직 내에서의 인정 등과 같은 결과물에 대한 분배와 관련하여 조직구성원들이 느끼는 공정성의 지각 정도를 의미한다(Rutte & Messick, 1995).

Folger & Konovsky(1989), Rutte & Messick(1995) 등은 분배공정성을 의사결정의 과정을 거쳐 최종적으로 지급되는 보수나 승진, 조직 내에서의 인정 등의 결과에 대한 분배와 관련하여 조직구성원들이 느끼는 공정성의 지각 정도로 정의하고 있으며, Price & Mueller(1986), Moorman(1991) 등은 조직 공정성의 하위 차원으로서 분배공정성은 보상 배분의 결과에 대한 지각된 공정성, 즉 직무 수행의 결과로 제공받는 보상이 얼마나 공정한가라고 정의하고 있다.

이렇듯 분배공정성은 사람들이 자신의 투입과 그에 대한 결과를 타인의 것과 비교함으로써 자신이 공정하게 보상받는지를 평가하는데, 자신의 투입과 결과의 비율이 타인의 것과 같을 때에는 형평성을 경험하고 그렇지 않을 경우에는 불형평성을 경험한다고 한다. 이후 연구들은 이외에도 균등(equality), 욕구(needs), 권한(power) 등을 분배공정성의 평가기준으로 하고 있다(Kabanoff, 1991).

초기에 분배공정성에 관한 연구는 사회심리학자들에 의해 이루어졌다. 이러한 심리학적 연구들은 어떻게 분배해야 공정한가라는 물음보다는 사람들이 어떤 조건에서 어떻게 분배받을 때 공정하게 지각하고, 이때 사람들이 어떻게 반응하는가를 주된 문제로 삼았다.

Homans(1961)는 보상이 제3자로부터 주어질 경우 보상을 받는 사람들은 그들이 투입한 노력의 정도에 따라 적합한 보상이 주어지기를 기대하게 되며, 이러한 적정 배분의 지각을 분배공정성이라고 개념화하였다. 즉 사회적 교환이론(social exchange theory)에 근거해서 각 개인이 받는 보상이 그 보상을 얻기 위해 사용된 비용에 비례할 때 분배상의 정의가 존재한다고 주장하면서 사람들이 불공정하게 부족한 보상을 받을 때 분노의 감정을 갖게 되며, 과도하게 보상을 받을 경우는 죄의식을 경험한다는 연구결과를 제시하였다.

전통적으로 보상 분배란 관련 당사자들 간의 지위 및 노동의 기여도 측면에서의 비례적 차이가 보상에 반영되는 정도, 즉 형평성의 원칙에 따라 분배가 공정한 것으로 보고 있다. 그런데 Deutch(1985)는 형평성의 원칙이 분배공정성의 유일한 판단기준이 될 수 없다며, 다음과 같은 세 가지 규칙을 고려하고 있다. 즉 사회적 조화가 보상 분배상 주요 고려 사항일 경우 고려돼야 하는 평등성의 규칙, 개인의 필요성 정도에 따라 보상을 분배하는 필요성의 규칙, 개인의 공헌도에 비례하여 보상을 분배하는 형평성의 규칙을 제시하였다. 위의 세 가지 규칙 중 어느 것이 공정성 지각에 더 큰 비중을 갖느냐는 교환 당사자들 간의 친밀감의 정도, 상호의존성과 같은 관계 및 성별, 인성 등의 개인차와 과거 경험 등에 따라 상이할 것으로 보고 있다(Greenberg & Cohen, 1982).

그러므로 자신을 타인과 동일시하는 관계로 지각할 때는 필요 원칙이 타당하게 되며, 협동의 관계를 지각하면 평등원칙, 경쟁관계로 지각하게 되면 형평원칙이 분배원칙으로 적용한다는 것이다. 또한 투입요소의 특성을 변화가능성에 따라 양분하여 변화 불가능한 투입요소인 성, 학력, 직종 등에 있어서 차별을 두지 않고 똑같이 분배하는 것을 균등규칙이라 하고, 변화 가능한 요소인 기여도, 노력 등을 고려하여 차등 분배하는 것을 형평규칙으로 보는 견해도 있다(김명언·이현정, 1992).

이후 Adams(1965)는 Festinger의 인지부조화 이론(cognitive dissonance theory)에 근거하여 공정성이론(equity theory)을 제시하면서 분배공정성에 대한 심리학적 이론을 체계화시켰다. 인지부조화 이론은 개인에게 있어서 여러 인지들이 모순되지 않고 일치되어 있으면 안정된 상태를 느끼게 되고, 서로 모순되는 인지들을 경험할 경우에는 긴장을 느끼게 되어 인지들 간의 일관성을 유지하고자 노력한다는 것이다. 이러한 인지부조화 이론에 기반을 둔 Adams의 공정성 이론은 개인들은 자신의 사회적 관계를 평가하며 이러한 평가는 타인들과의 비교 속에서 이루어진다고 가정하였다.

따라서 사람들은 자기가 일에 투자하는 투입과 그로부터 얻어내는 보상을 다른 사람들의 그것과 비교하고, 만약 자신의 투입 대 보상의 비율이 타인의 투입 대 보상비율과 동일하면 그 사람은 '형평에 맞다' 또는 '조직과 공정한 교환 관계가 이루어졌다'고 생각하여 만족스러워한다. 반면에 공정하지 않다고 판단하게 되면, 그 사람은 불쾌감과 긴장을 느끼게 되어 어떤 식으로든 공정성을 회복하려는 쪽으로 노력하게 된다(신유근, 2002).

그리고 Walster(1976) 등은 Adams의 공정성이론에서 발견되는 문제점들을 보완하고 이론을 더욱 확장시키는 수정 이론을 제시하였다. 이들은 사람들이 불공정하게 대우받았다고 느낄 때 어떠한 반응을 보일 것인지에 대해 관심을 가졌는데 기본적으로 상이한 두 가지의 공정성 회복 방법, 즉 실제적 공정성 회복과 심리적 공정성 회복으로 구분하였다. 여기서 실제적 공정성 회복이란 투입과 결과 자체를 조정하여 공정성을 회복하는 방법이고, 심리적 공정성 회복은 현실을 인지적으로 왜곡함으로써 공정성을 회복하는 방법이다.

Leventhal(1980)이 제시한 공정성 판단모형에 따르면 사람들은 자신이 직면한 상황에 적합한 공정성 규범(justice norm)을 채택함으로써 공정한 배분결정을 얻고자 한다고 한다. 예를 들어 사회적 조화의 유지가 강조되는 상황에서는 보상의 균등한 배분(equitable outcome allocation)에 의해 사람들은 자신의 이익을 극대화하고자 한다는 것이다(김안드레아, 2004).

이러한 분배공정성에 관한 선행연구들은 크게 두 가지 흐름으로 구분해 볼 수 있는데, Homans(1961), Adams(1965), Walster(1976) 등으로 이어지는 연구들은 분배공정성을 연구함에 있어 반응적 접근을 취하고 있는 대표적인 연구라 할 수 있으며, Lerner(1977)와 Leventhal(1980)의 연구는 선행적 접근을 취하고 있는 연구로서 분배결정을 예측하고 설명하는 데 유용한 이론이라 할 수 있다. Howard(1993)의 분배공정성 이론을 정리하면 다음의 <표 3-2>와 같다.

<표 3-2> Howard의 이론 정리

이 론	내 용
상대적 박탈감이론 (relative deprivation theory)	분배의 절대가치보다, 자신이 받은 양과 준거 대상의 보이는 차이의 정도가 공정성 지각에 영향을 준다.
준거인지 이론 (referent cognition theory)	준거보상의 수준과 미래에 받게 될 더 나은 보상의 가능성, 현재의 결과에 대한 정당화가 공정성 지각에 영향을 미친다.
인지부조화 이론 (cognitive dissonance theory)	외적유인, 인센티브로부터 형성된 예상수준과 보상이 불일치할 때 불공정성을 지각한다.
지위특성 이론 (status characteristics theory)	자신과 타인의 보상수준을 비교하여 형성된 분배에 대한 예상과 그 격차의 개인특성을 결정짓고 자신이 받은 보상이 그와 부합하지 않을 경우 불공정성을 지각한다.
형평성 이론 (equity theory)	개인의 공헌도에 비례한 분배와 자신의 공헌도 대 보상의 비율을 기본 전제로 해서, 자신이 투입한 공헌 대 보상의 비율이 동일하지 않을 때 항상 불형평성을 지각한다.

이러한 이론들에서 나타나는 공통점은 개인이 지각하는 공정성은 '본인들이 분배에 대해 갖는 기대(expectation)가 어느 정도나 충족되는가'에 따라 달라진다는 것이다. 이 예상은 구성원 자신이 가지고 있는 자격에 비추어 그에 상응하는 분배결과에 대한 기대를 의미하는 것으로 볼 수 있다(Lerner, 1980).

(2) 절차공정성

절차공정성(procedural justice)이란 보상이 이루어지는 동안의 과정과 수단에 관련되어 있으며, 종업원들이 조직 내 보상 과정에서 사용된 절차를 얼마나 공정하게 인지하고 있는가의 정도를 의미한다 (Alexander & Ruderman 1987). 이러한 절차공정성의 연구가 시작된 배경은 조직상황하에서 공정성 연구는 분배공정성만으로 모든 것을 완벽하게 설명하는 데 한계에 직면하였기 때문이다. 이에 조직공정성에 대해 새로운 관심이 대두되기 시작하면서 의사결정이 이루어지기까지의 절차와 규칙에 대한 관심이 증가하기 시작하였다.

절차공정성에 대한 연구배경이 전술한 바와 같이 공정성에 관한 연구가 사회적 교환이론이나 공정성 이론에 기반을 둔 모델의 연구들은 주로 분배공정성에 관심을 두었기 때문에 공정성에 대한 연구는 분배공정성만이 강조되었고, 오히려 사회적 행동에서의 절차공정성을 과소평가하거나 무시되어 왔다. 즉 지금까지 조직에서의 보상체계에 대한 연구가 할당 절차에서의 공정성의 절차적 측면보다는 보상할당의 인지된 공정성에 강조를 두어왔고, 비록 공정성의 절차적 요소들이 이용된 연구들이 있기는 했지만 공정성을 절차 측면과 분배 측면을 구분하여 연구를 실행하지는 않았다. 하지만 인간관계에 있어서 인지된 공정성이나 공정성의 판단의 역할을 이해하기 위해서는 그 결과뿐 아니라 과정 역시 중요하다고 할 수 있다. 이러한 가운데, 연구자들은 임금계획이나 임금협상이 어떻게 관리되는지에 관한 과정 지향적인 공정성으로 관심을 돌리면서, 절차공정성에 관한 연구들이 이루어지게 되었다.

절차공정성에 대한 이론의 개발은 Thibaut & Walker(1975)에 의해 본격적으로 시작되었다. 이들은 사회심리학 이론과 법적인 소송의 해결 상황에 절차공정성을 적용하면서 절차공정성의 중요성을 부각

시켰다.[2)]

일반적으로 어떤 사건이나 분쟁을 해결하기 위해서는 두 사람의 논쟁 당사자와 그것을 중재하고 해결하는 중재자가 존재하게 된다. 연구결과 당사자들은 재판의 결과보다는 재판 진행과정에 얼마만큼 이나 통제력을 행사할 수 있게끔 절차가 마련되었는지에 의해 공정 성 여부를 지각한다는 사실이 발견되었다.

절차공정성은 의사결정을 하는 데 있어 이용되는 절차 및 정책들 에 대해 지각된 공정성, 즉 절차공정성은 분배공정성과는 대조적으 로 결과의 분배에 대한 의사결정이 도출되는 과정 혹은 방식에 대해 지각된 공정을 의미하는 것이다(Folger & Konovsky, 1989).

Alexander & Ruderman(1987)은 절차공정성이란 논의와 협상의 결 과에 도달한 의사결정자들에 의해 사용된 정책, 절차, 기준에 대한 지각된 공정성을 의미하며, 공정한 절차라는 것은 선입견이 없으며, 한쪽으로 치우침이 없이 대표하는 것으로서 정확한 정보와 도덕적 규범에 근거를 둔 모든 집단의 관심에 일관성이 있어야 한다고 정의 하고 있다.

Leventhal(1980)은 사람들이 절차공정성을 평가할 시 일반적으로 일관성, 편파억제, 정확성, 수정가능성, 대표성, 윤리성 등의 여섯 가 지 요소를 사용한다고 추정하였고, Folger & Konovsky(1989)는 절차

---

2) 절차공정성이라는 연구는 법률적인 문제를 다루는 데서 시작되었고, 절 차공정성이라는 용어를 사용한 것은 Thibaut & Walker(1975)의 연구에 서 시작되었으며, 이후 보다 구체적인 절차공정성을 분쟁해결에 초점을 맞추어 연구되었다. Thibaut & Walker는 분쟁상황을 해결하는 데 있어 서는 분쟁 당사자가 절차에 대한 통제력을 가지고 있을수록 정당성을 높게 지각한다는 것을 밝혔다.

공정성을 보상이나 의사결정이 이루어지는 절차나 과정이 얼마나 공정하게 인식하는 정도로 정의하였다.

Lind & Tyler(1988)는 절차공정성을 설명하기 위한 두 가지 이론적 모형을 제시하였다.[3] 우선 개인이익모형에 따르면 사람들은 기본적으로 자신에게 돌아올 결과에 관심을 갖고 있기 때문에 절차에 대한 통제를 가하려 할 것이며, 그로 인해 부분적으로나마 자신에게 유리한 결과를 가져오리라는 믿음이 있을 때 절차공정성 인식을 제고하게 된다는 것이다. 반면 집단가치모형에 의하면 자신의 통제가 의사결정자에게 유효한 영향력을 발휘하지 못한다 하더라도 통제 자체가 지니는 가치 표현적 요소로 인해 절차공정성 인식을 제고할 수 있다는 것이다. 즉 사람들은 집단이나 조직과의 관계성과 결속을 중요시하기 때문에 자신의 의견제시를 통제의 수단으로서가 아닌 집단 내 관계를 결속시키기 위한 것으로 여긴다는 것이다.

Leventhal & Fry(1980)은 사람들이 절차공정성을 꾸준히 평가하며 절차에 대한 평가는 결과 자체의 공정성 지각에 결정적인 영향을 미친다고 주장함으로써 분배보다는 절차가 더 중요할 수 있음을 제시하였다. 또한 절차공정성의 결정요인으로서 일관성, 편파배제, 정확성, 수정가능성, 대표성, 윤리성을 제시하였다.

---

3) 개인이익모형(self interest molel: SIM)은 조직의 의사결정에 영향을 받는 개인은 의사결정에 대한 도구적인 통제에 의하여 의사결정의 결과에 대한 개선을 바라고 있다는 모형으로서 과정의 통제는 곧 개인에게 돌아올 개선된 이익을 전제로 하고 있다. 반면에 집단가치모형(group value model: GVM)은 개인은 집단의 한 구성원으로 참여함으로써 동질성 또는 가치를 부여받으며 개인이 절차에 대한 관심은 조직 내 자신의 위상과 조직과의 장기적인 관계유지를 위해 필요한 것으로 인식한다. 때문에 개인의 절차를 의사결정의 효과와는 관계없는 하나의 사회적 규범으로 인식한다.

1980년대 이후 절차공정성의 개념은 조직상황에 적용되어 그 중요성을 밝힌 연구들이 이루어지게 되었다. Folger & Konovsky(1989)는 217명의 종업원들을 대상으로 실증연구를 수행한 결과, 절차공정성이 분배공정성보다 조직에 대한 구성원들의 태도에 더 큰 영향을 미치고, 분배공정성이 절차공정성보다 임금만족에 더 큰 영향을 미친다는 사실을 제시하였다.

<표 3-3> 절차공정성에 관한 6가지 규칙

일관성 (consistency)	절차는 언제나, 누구에게나 일관적으로 적용되어야 한다. 즉 안정성이 있어야 하고 특정인에게 치우침 없이 기회가 균등하게 주어져야 한다.
편견배재 (bias-suppression)	절차는 선입견이나 개인적 이해관계에 좌우되어서는 안 된다.
정확성 (accuracy)	절차는 오류가 없어야 한다. 따라서 가능한 한 근거가 확실한 정보와 그러한 정보에 입각한 의견에 기초하여 절차가 마련되어야 한다.
수정가능성 (correctability)	절차는 항의와 불만 사항에 대해 적극적으로 시정하거나 취소할 수 있는 기회를 주어야 한다.
대표성 (representativeness)	절차는 분배에 의해 영향을 받는 개인 및 하위집단의 반응을 반영해야 하며, 그들의 기본적 이해관계 및 가치기준을 반영해야 하며, 조직구성원들이 직접 과정을 통제할 수 있어야 한다.
윤리성 (ethicality)	절차는 반드시 기본적인 윤리와 도덕의 기초하에 세워져야 한다. 즉 속임수, 사기(책략), 사생활 침해나 뇌물수수 등을 허용해서는 안 된다.

McFarlin & Sweeney(1992)는 675명의 미국 중서부 은행원들을 대상으로 수행한 실증연구를 통해, 분배공정성 지각은 조직구성원들의

임금만족과 직무만족에 강한 영향을 미치고 절차공정성 지각은 조직
몰입과 상사평가에 긍정적인 영향을 미친다는 사실을 제시하였다.

Lind & Tyler(1988)는 그러한 연구들에 대해 두 가지 범주로 나눌
수 있다고 하였는데, 절차공정성의 도구적 모델(instrumental model
of procedural justice)과 관계적 모델(relational model of procedural
justice)이 그것이다. 도구적 모델에서는 구성원들의 절차공정성에 대
한 판단은 의사결정 담당자와의 상호작용 및 절차적 측면 그 자체가
아닌 이로부터 도출될 결과물 측면에 의해 결정되는 것으로 보고 있다.

이러한 절차공정성과 관련된 연구들을 종합해 보면, 절차공정성은
분배공정성과 다른 판단기준에 의해 인지되는 공정성이라 할 수 있
으며, 조직구성원들이 절차공정성에 관심을 갖는 이유는 자신의 이
익이나 혹은 집단이 선호하는 가치를 위해서라고 할 수 있다.

2. 분배공정성과 절차공정성의 상호작용 연구

Brockner & Wiesenfeld(1996)는 분배공정성 지각과 절차공정성 지
각이 차별화되고 있지만 이들의 영향력을 연구하는 데 있어서 그중
어느 하나의 효과를 배제한 상태에서는 이루어질 수 없다고 주장하
였다. 즉 절차공정성 지각과 분배공정성 지각이 구성원의 반응인 직
무만족, 보상만족, 조직몰입 등을 설명하는 데 있어 그 영향력은 분
배공정성과 절차공정성의 조절효과를 통해 상이해질 수 있는 것이다.
또한 Brockner & Wiesenfeld(1996)는 조직공정성 연구에서 상호작용
효과를 고려하지 않음으로 인해 다음과 같은 문제점을 야기할 위험

이 있다고 하였다. 즉 절차공정성과 분배공정성의 상호작용효과의 가능성이 있음에도 이들 구성개념의 주 효과에만 주목한다면 중요한 분산 설명요인을 생략하는 오류를 범할 수도 있다는 것이다. 이 경우의 주효과만 고려한 개념적 모델은 그 적합성 여부에 심각한 문제가 있을 수 있는데, 분배공정성과 절차공정성 각각의 주 효과 속에는 생략된 상호작용효과의 설명분을 포함할 수 있기 때문인 것이다.

따라서 그러한 상호작용효과를 고려함으로써, 공정성 지각에 따른 개인 반응의 결정요인에 대해 보다 풍부한 고찰을 할 수 있을 것이다. 상호작용효과는 충분한 이론적 배경을 갖고 있는데 기존의 선행 연구들에서 보여지는 상호작용효과는 크게 세 가지 유형으로 나뉠 수 있다(Brockner & Wiesenfeld, 1996).

첫 번째 유형은 절차공정성의 개인의 보상이나 소속된 집단 및 조직에 대한 반응에 미치는 영향력의 강도가 조절되는 조건에 대한 연구로서 이 분야의 연구자들은 절차공정성의 주 효과에 초점을 두면서 이 구성개념의 영향력 정도를 조절하는 변수로서 분배공정성에 주목하고 있다. 두 번째 유형은 분배공정성의 개인의 보상이나 소속된 집단 및 조직에 대한 반응에 미치는 영향력의 강도가 조절되는 조건에 대한 연구로서 이 분야의 연구자들은 분배공정성의 영향력의 정도를 조절하는 변수로서 절차공정성에 주목하고 있다. 세 번째 유형은 공정성과 관련하여 개인의 보상이나 소속된 집단 및 조직에 대한 반응이 가장 극단적 또는 긍정적 및 부정적 반응으로 나타나는 조건에 대한 연구이다.

제2절 조직지원인식에 관한 고찰

1. 조직지원인식의 개념

Eisenberger, Huntington, Hutchison & Sowa(1986)는 사회적 교환이론을 기초로 하여 조직이 구성원에게 몰입하는 정도를 나타내는 조직지원인식(perceived organizational support: POS)이라는 개념을 제시하였다. 이들은 조직이 구성원의 노력 또는 공헌을 가치 있게 생각하며, 조직이 구성원의 복지를 위하여 관심을 보이는 정도에 대하여 조직구성원이 총체적으로 형성하는 믿음을 조직지원인식이라 정의하고 있다. 조직지원인식은 조직구성원이 조직으로부터 인정받고 있다는 믿음이 다시 조직구성원이 조직에 몰입할 수 있게 한다는 것이다. 다시 말하면 조직구성원이 조직으로부터 칭찬이나 인정을 받게 되면 조직지원인식은 증가하게 될 것이고, 또한 이는 조직에 몰입하게 함으로써 조직의 참여와 성과에 긍정적인 효과를 지닌다는 것이다.

조직의 개인이 조직의 보상으로 기대하는 것은 단기간의 교환을 포함하고 있는 금전적인 보상뿐만 아니라 가치에 기초를 두고 있는 장기적인교환을 포함하고 있다는 면에서 Eisenberger, Huntington, Hutchison, & Sowa(1986) 등은 조직지원인식이 조직의 가치와 일치한다는 관계에 기초하고 있는 정서적 관계(Buchanan, 1974; Etzioni, 1961; Meyer & Allen, 1984; Mowday, Steer & Porter, 1979; O'Reilly & Chatman, 1986)뿐만 아니라 조직이 주는 보상에 기초를 두고 형성하게 되는 계산적 관계(Becker, 1960; Etzioni, 1961; Meyer & Allen, 1984; Rusbult & Farrell, 1983)도 포함하는 포괄적인 개인의 태도로 규정하고 있다(서재현, 1997; 이유진, 1999).

따라서 조직지원인식은 조직이 구성원들의 기여에 부여하는 가치와 조직구성원의 복지에 대한 관심의 정도와 관련하여 구성원들이 형성하는 일반적인 지각이라 할 수 있다(Eisenberger et al., 1986; 정홍술, 2002). 개인이 다른 개인이나 그룹, 또는 조직과의 관계에서 형성되는 것으로 조직구성원이 조직에 몰입하는 것이 조직몰입이라면 구성원이 조직을 의인화하여 조직도 개인에게 몰입할 수 있다는 개념이 바로 조직지원인식인 것이다.

조직몰입이 조직에 대한 구성원의 태도에 초점을 맞출 때 조직지원인식은 구성원에 대한 조직태도의 구성원 지각에 초점을 맞추는 것이다. 조직지원인식이 중요한 이유는 자유재량에 의해 평가된다는 것이다. 자유재량적 보상이 주어졌을 때 조직구성원은 조직의 배려에 대해 매력을 가지게 됨으로써 더욱 강화된다는 것이다.

Eisenberger 등(1986)은 조직에 대한 종업원들의 전념도는 그들에 대한 조직의 전념도를 지각하는 것에 의해 강하게 영향을 받게 된다고 주장하고 있다. 즉 종업원에 대한 조직의 전념도를 종업원들이 지각함으로써 종업원들의 조직에 대한 전념도 수준이 결정될 수 있으며, 역으로 조직은 종업원들에 대한 전념도 수준을 결정할 수 있게 된다는 것이다.

〈표 3-4〉 조직지원인식 관련 변수(매개변수로 연구된 경우)

연 구 자	독 립 변 수	매 개 변 수	종 속 변 수	연구대상조직 (표본 수)
Guzzo, Noonan, & Elron(1994)	재정적 유인, 일반적 지원, 가족 지원	조직지원인식	조직몰입, 이직경향, 자국으로 초기에 돌아가려는 경향	43개 회사의 해외파견 근로자 (n=148)
Hutchison, & Garstra(1996)	목표설정, 피드백	조직지원인식	조직몰입	지역초급대학, 에너지/휘발유 수송회사, 주립 대학(n=337)
서재현(1997)	절차공정성, 분배 공정성	조직지원인식	정서적 몰입, 계속적 몰입	일반기업 (n=225)
Wayne,Shore & Liden(1997)	개발경험, 승진, 근속연수, 선호, 기대, 관계지속연수(dyad tenure)	조직지원인식, 리더-구성원 교환관계	정서적 몰입, 이직의도, 성과율, 조직시민행동, 선호행동	대기업(n=225)
Moorman & Niehoff(1998)	절차공정성	조직지원인식	OCB(돕기, 주도, 근면, 충성행동)	군병원(n=157)
Moideenkutty, Blau, Kumar & Nalakath (1998)	분배공정성, 절차공정성, 상사와의 의사소통만족, 협력적 노사관계 풍토	조직지원인식	정서적 몰입	제약회사 (n=185)
Masterson, Lewis Goldman, Tayor(2000)	상호작용공정성, 절차공정성	리더-구성원 교환관계 조직지원인식	성과, 직무만족, 상사지향, 조직시민행동, 이직경향, 조직몰입, 조직지향시민행동	종합대학 (n=651)
Miceli & Mulvey (2000)	임금수준만족, 임금체계만족	조직지원인식	조직지원인식, 조직몰입, 조직시민행동, 노조몰입	커뮤니케이션 사업체 time 1(n=506) time 2(n=277)

연 구 자	독 립 변 수	매 개 변 수	종 속 변 수	연구대상조직 (표본 수)
윤정구 (2001)	자율성, 다양성, 업무과중, 임금, 의사소통, 절차공 정성, 분배공정성	직무만족, 조직지원인식	조직몰입	가정용품, 멀티미 디어 제품, 통신 장비, 반도체회사 (n = 367)
김윤성 (2002)	분배, 절차공정성 의사소통만족, 긍 정, 부정적정서, 통 제의 위치	지각된 조직지원	조직시민행동, 조직몰입	은행, 폐기물처리 회사, 장난감, 화 학약품제조회사, 알루미늄제조회 사. (n = 410)
장승훈 (2005)	절차공정성 과업 상호의존성 집단 주의 성향 성실 성, 친화성	인식된 상사지원, 조직지원, 동료지원.	개인에 대한 조 직시민행동, 조 직에 대한 조직 시민행동.	제조업, IT, 패션, 서비스업, 금융 분 야(n = 340)
백은경 (2006)	상사지원인식	조직지원 인식, 상사신뢰	조직신뢰	무역회사, 중공업, 서비스, 금융업 (n = 277)

자료: 김윤성(2002), "조직시민행동, 조직몰입에 대한 지각된 조직적지원의 선행요인과 매개효과
에 관한 연구", 영남대학교 박사학위논문 내용 수정, 보완하여 연구자 정리.

2. 공정성과 조직지원인식의 관계

공정성이란 개인이 다른 사람과 비교하여 공정하게 대우를 받고
있다는 믿음으로 조직 내의 각종 의사결정의 결과에 대하여 조직구
성원들이 인식하는 공정성의 정도를 의미한다. 이러한 공정성은 조
직구성원들이 조직생활의 과정에서 공정하게 대우를 받고 있는가에
기초를 두고 있다. 조직구성원들은 적절하다고 생각하는 보상을 받
지 못하다고 지각할 때에는 조직에 대한 몰입을 약화시키거나 또는
불성실한 업무수행으로 이어져 결근 또는 이직 등의 반응으로 나타

날 수 있다.

공정성에 대한 기존 연구들은 대부분 분배공정성의 중요성과 효과를 증명하는 데 초점을 맞추어 왔다. 분배공정성은 보상 결과에 초점을 맞추고 있으며, 개개인에게 주어지는 보상의 양에 대하여 지각된 공정성을 말한다(Price & Mueller, 1986).

이러한 분배공정성은 간명성과 명확성으로 폭넓은 지지를 받았으나 한편으로는 보상배분의 결과에 대한 지나친 강조에 따른 한계로 인해 비판이 제기되면서 절차공정성에 대한 연구의 관심을 촉진시키는 계기가 되었다.

절차공정성은 보상배분의 결정을 위하여 활용되는 절차나 규칙에 대해 지각된 공정성을 말한다(Floger & Konovsky, 1989). 절차공정성에 대한 선행 연구에서는 의사결정과정에 의해 영향을 받는 사람들에게 주어지는 발언권 또는 참여의 기회가 조직 구성원들로 하여금 공정성을 지각토록 한다는 점이다.

Thibaut & Walker(1975)는 법률적 분쟁해결 상황에서의 사회심리학적 이론 및 방법론을 적용하고자 절차공정성과 관련된 몇 가지 문제에 초점을 맞춘 틀(framework)을 개발하였으며, Leventhal(1980)은 배분절차가 공정한 것으로 지각되기 위해서는 절차의 일관성, 편견배제, 정확성, 수정가능성, 대표성, 윤리성의 규칙을 충족시켜야 한다는 절차공정성의 규칙을 제공하였다. 특히 주목할 만한 것은 절차공정성에 대한 최근의 다양한 연구에서 조직시민행동에 절차적 문제가 보편성을 지닌 중요한 문제임을 지적한 연구들이다(Moorman 1991; Niehoff & Moorman, 1993; Konovsky & Pugh, 1994).

Masterson et al.은 절차의 문제가 단순히 절차의 공식적 및 구조적 측면에 한정되지 않고 절차가 집행되는 과정에서의 사회적 상황과 밀접한 관련이 있다는 것을 제시하였다(Masterson et al., 2000). 즉 절차의 실행과정에서 상사와 부하 간의 존재하는 상호작용의 질이 지니는 중요성을 강조하고 있다. 이를 Bies & Moag(1986)은 상호작용공정성으로 개념화하였는데 이들은 절차공정성이 절차라는 공정된 측면만을 다루고 있으며, 실제로 설정된 하나의 절차가 집행되는 과정에서 핵심적인 현상인 두 사람 간의 상호작용의 측면이 간과되었음을 지적하면서 정직, 예의바름, 적시의 피드백, 권리의 존중 등과 같은 대인적인 요소들이 조직에서 필요한 인력을 모집 절차상의 공정성을 평가하는 데 무엇보다 중요한 요소임을 제시하였다. 이를 정리하여 보면 상호작용공정성이란 의사결정과정에서 권한보유자가 보여주는 대인적 처우, 정책이나 절차의 실행과정에서 구성원이 지각하는 대인적 처우의 공정성을 말한다(Greenberg & Lind, 2000).

그러나 상호작용공정성은 연구자에 따라 보는 관점이 다른데 Lind & Tyler(1988), Greenberg(1990), Niehoff & Moorman(1993) 등의 연구에서는 조직 내에서 유지되는 공식적인 절차의 특징과 함께 절차공정성을 구성하는 하나의 요소로 평가되는 것으로 보았고, Bies & Moag(1986), Aquino, et al.,(1997), 이경근·박성수(1999) 등의 연구에서는 상호작용공정성이 절차공정성과 구분되는 독특성을 지니고 있음을 보여주고 있다.

분배공정성은 다양한 성과투입과 관련하여 조직으로부터 받는 보상의 공평성을 의미하므로 조직목표를 달성하기 위한 초과노력 등을 보상하기 위한 조직의 자발성에 관하여 조직 구성원의 긍정적 추측을 가능케 하므로 그러한 추측이 조직 구성원의 조직에 대한 기여를 소중히 여기고 있다는 인식을 형성하게 함으로써 분배공정성이 조직지원인식에 긍정적인 영향을 미치게 된다고 할 수 있다.

또한 절차공정성은 수단적인 측면과 비수단적인 측면을 갖고 있다고 볼 수 있는데, 수단적인 측면에서 공정한 절차는 공정한 산출을 위한 수단인 반면 비수단적인 측면은 조직 구성원의 권리에 대한 사용자의 존중을 나타내는 공정한 절차를 의미하며, 공정한 처우를 위한 조직의 관심을 전달하는 역할을 한다. 이는 상호작용공정성과 관련되는 개념으로 볼 수 있으며, 따라서 이러한 관심이 조직의 지원에 대한 지각으로 전환되어 절차공정성, 상호작용공정성은 조직지원인식에 긍정적인 영향을 미치게 한다고 볼 수 있다.

Moorman & Niehoff(1998), Moideenkutty et al.(1998), Miceli & Mulvey(2000), Andrews & Kacmar(2001), 서재현(2000) 등의 연구는 공정성과 조직지원인식 간의 관계를 유추할 수 있는 중요한 선행연구들로서 절차공정성과 상호작용공정성이 조직지원인식에 긍정적인 영향을 미침을 알 수 있다.

제3절 조직몰입에 관한 고찰

1. 조직몰입의 개념

조직몰입에 대한 연구는 1960년대 처음 시작된 이래로 지금 많은 관심이 집중되고 있다. 더욱이 기업들은 1980년대 및 1990년대에 들어와서 인력에 대한 구조조정을 실행하면서 조직구성원들이 느끼는 고용에 대한 불안감에서 오는 다양한 문제가 발생하였고, 고용불안 문제 해결에 대한 관심이 증가하면서 조직몰입에 대한 연구는 더욱 확산되었다(마상진, 2004).

조직몰입은 조직성과의 중요한 지표 중의 하나로서 경영학에서뿐만 아니라 사회학, 정치학, 종교학, 교육학, 심리학 등에서 널리 사용되는 개념이나 대체로 행정이나 경영과 관련하여 조직행위론을 연구하는 학자들에 의하여 비교적 체계적으로 접근돼 오고 있다(김성국, 2001).

Becker(1960)는 조직몰입을 조직에서 근속하는 동안 부수적 투자에 의해 활동의 연속선상에서 많은 이해관계가 쌓여서 몰입되는 형태라 정의한 이래로 많은 연구자들에 의하여 다양하게 정의되고 있다.

Hall, Schneider & Nygren(1970)은 개인의 목표와 조직의 목표가 점차적으로 통합되거나 일치되어 가는 과정이라 정의하였고, Sheldon(1971)은 개인의 정체성(identity)을 조직에 연결하거나 결부시키는 것으로 조직에 대한 태도나 지향성으로 정의하였다. 또한 Buchanan(1974)은 조직의 목표 및 가치에 대하여 또는 그러한 목표와 관련된 자신의 역할에 대하여 그리고 조직 그 자체를 위하여 조직구성원이 가지는 정서적인 애착으로 정의하였고, Salancik(1977)은 개인이 자신의 행위에 의하여 또는 자신의 행위를 통하여 자신의 활동 및 관여를 지속시키려는 신념에 구속되는 상태라 하였다.

Anderson & Williams(1991)의 연구에서는 조직몰입이란 한 조직에 대한 개인의 동일시와 몰입의 상대적 정도, 즉 한 개인이 자기가 속한 조직에 대해 얼마나 일체감을 가지고 몰두하느냐 하는 정도를 가

리킨다고 정의하였다.

한편 조직몰입의 구성요인에 대해서도 다양한 관점에서 접근이 이루어지고 있으며, 또한 최근의 조직몰입에 관한 연구들은 개인이 조직에 몰입하는 동기에 따라 조직몰입을 다차원으로 분류하고 있다(O'Reilly & Chatman, 1986; Meyer & Allen, 1984; Allen & Meyer, 1990). 다차원적인 조직몰입을 이용한 선행 연구들은 조직구성원들이 조직에 몰입하는 동기와 조직몰입과 관련된 태도 및 행동을 연구하는 데보다 더 적절하고 상세한 정보를 제공하는 이점을 가지고 있다(Becker, Randall & Riegel, 1995).

O'Reilly & Chatman(1986)은 조직몰입의 하위 개념으로 내면화, 동일성, 순응의 세 가지의 각기 다른 심리 상태로 구분하였다. 내면화는 개인과 조직이 동일한 가치관을 소유하고 있다는 사실에 기초를 둔 심리적 상태를 말하며, 동일성은 개인이 조직과 만족한 관계를 유지하고 싶어 하는 소속감에 대한 만족에 기초를 두고 있는 심리적 상태이며, 순응은 외부적인 보상에 기초하여 태도나 행동을 받아들이는 심리적 상태라 하였다.

〈표 3-5〉 조직몰입의 구성요인

연 구 자	구성요인	개념(정의)
Kanter (1968)	근속몰입	조직에 투입한 노력과 희생으로 인해 조직을 떠나는 것이 비용이 많이 들거나 불가능한 상황에서 조직의 성공을 위한 노력이다.
	응집몰입	집단의 응집력을 강화하기 위해 의식이나 사회적 유대관계의 단념 등으로 인해 조직에 대해 가지는 사회적 관계에 대한 애착이다.
Etzioni (1975)	도덕적 몰입	조직의 목표와 가치관의 내면화에 기초한 긍정적 성향이다.
	타산적 몰입	혜택(benefits)과 보상(rewards)의 합리적 교환관계에 기초한 낮은 성향이다.
	소외적 몰입	착취적인 관계에서 볼 수 있는 부정적 성향이다.
Staw & Salancik (1977)	태도적 몰입	다양한 조직들에 의한 조직에의 강한 동질성 또는 조직에의 심취를 말한다.(조직행위론적 접근법)
	행위적 몰입	조직에 투자된 매몰비용에 의해 조직에 구속된 상태를 말한다.(사회심리학적 접근법)
Allen & Meyer (1990)	정서적 몰입	조직에 대한 구성원이 갖는 감정적 애착과 조직과의 일체감을 말한다.
	계속적 몰입	구성원이 조직을 이탈함으로써 발행하는 손실비용이 크기 때문에 조직에 거래적으로 몰입을 한다.
	규범적 몰입	조직에의 의무에 대한 조직구성원으로 남으려는 도덕적 의무감이다.

자료: Mowday, Porter & Steers(1982), *Empoyee-Organizations Linkage: The Psycholohy of commitment, Absenteeism, and Turnover*, New York: Academic Press; Meyer & Allen(1991), "A Three-Component Conceptualization of Organizational Commitment", *Human Resource Management Review, 1*, pp.61-89.

Allen & Meyer(1990)는 조직몰입의 하위 개념을 정서적 몰입, 지속적 몰입, 규범적 몰입으로 구분하였다. 정서적 몰입(affective commitment)은 조직몰입 중 가장 많이 연구되어 왔던 측면으로 조직구성원이 조직과의 감정적으로 애착을 갖고 조직과의 심리적 일체감으로 인하여 조직에 남기를 원하는 몰입의 형태라 하였다. 즉 조직구성원이 충성심, 호의, 따뜻함, 다정함, 행복함, 유쾌함 등의 감정을 통하여 조직에 대해 개인적으로 느끼는 심리적 애착의 정도로서 조직에 대하여 열정과 충성심을 스스로 행사하려는 의지로 조직에 대한 감정적 애착으로부터 나오게 되는 자발적 몰입을 말한다.

지속적 몰입(continuance commitment)은 개인이 조직을 떠남으로써 생기는 비용에 기초하여 생기는 몰입을 말한다.4) 즉 조직구성원이 시간이 지날수록 조직 생활에 투자한 시간과 노력이 증가하고, 그로 인해 조직에 남음으로써 얻게 되는 이득이 증가하거나 조직을 떠남으로써 발생되는 비용이 크기 때문에 개인은 현재의 조직과의 관계를 선호한다는 것이다(Huselid & Day, 1991; Mathew & Zajac, 1990; 장은미, 1997). 이러한 지속적 몰입은 구성원이 조직구성원으로 남아 있겠다고 느끼는 개인적 경험의 정도로서 구성원이 조직을 떠나면 잃게 될지도 모르는 축적된 투자나 여러 가지 이해관계 요소들을 인지하거나 또는 조직에 남는 것과 비교할 만한 대안이 불확실할 때 형성되며, 조직과의 관계에서 이익과 손실의 합리적 계산에 의해 나

---

4) 지속적 몰입은 Becker(1960)의 부수적 투자이론(side bet theory)에서 나온 개념으로 지금까지 해온 활동을 그만둠으로써 투자해 온 것을 잃게 되는 것을 인식하거나 다른 대안의 이용가능성이 이미 제한되어 있음을 인식함에 의해서 생기는 몰입의 형태라 할 수 있다.

타나는 비자발적 몰입이라 할 수 있다.

규범적 몰입(normative commitment)은 조직의 구성원으로서 의무를 열심히 수행해야 한다는 내적 가치관 또는 조직구성원의 믿음으로 정의된다(Allen & Meyer, 1990, 1996). 이는 도덕적 의무감으로 회사에 충직하고 의무를 성심 성의껏 수행해야 한다는 내적인 가치관이며, 조직의 목표나 이득을 위하는 방향으로 행동하도록 압력을 가하는 내적인 규범의 체계를 의미한다(Weiner, 1982). 즉 조직구성원이 조직목표, 가치, 사명 등 내면화를 통해 조직에 대하여 개인적으로 느끼는 심리적 애착의 정도로 조직에 대한 도덕적 의무감 때문에 조직이 부여한 책임을 충실히 수행한다는 점에서 내재적 가치관이라 할 수 있다.

2. 공정성과 조직몰입과의 관계

조직몰입은 연구자에 따라 그 개념 구성을 다소 달리하고 있으나 조직몰입이 조직구성원의 조직에 대한 심리적 애착을 의미한다는 데에는 의견을 같이하고 있다.

공정성과 조직에서의 바람직한 태도 및 행동과의 관계를 파악한 연구들은 조직몰입과 조직시민행동의 선행요인으로 공정성에 대한 지각에 합의하고 있다. Decotiis & Summers(1987), Folger & Konovsky(1989)는 공정성이 조직몰입에 긍정적 영향을 준다는 것을 발견하였고, Cooke(1997)도 절차공정성과 분배공정성은 조직몰입과 중요한 관계를 갖고 있다고 보고하고 있다.

절차공정성과 분배공정성은 조직몰입에 미치는 영향은 다르며, 조직몰입의 하위개념에 따라 다른 결과를 보이고 있는데, Moorman et al.(1993)은 절차공정성은 정서적 몰입 및 근속적 몰입과 긍정적으로 관계되는 반면 Konovsky & Cropanzano(1991)는 절차공정성은 정서적 몰입과는 관계가 있으나 근속적 몰입과는 아무런 관련이 없다는 연구결과를 발표하였다. 또한 Meyer & Smith(2000)는 인사관리 실천이 절차공정성을 매개로 하여 정서적 몰입에 영향을 미침을 확인하였으며, Beugre(1996)도 절차공정성이 조직몰입의 하위개념인 정서적 몰입에 긍정적인 영향을 미치는 것을 현장연구를 통해 확인하였다.

Konovsky, Folger, Cropanzano(1987), McFarlin & Sweeney(1992)는 분배공정성과 절차공정성이 조직몰입과 임금만족에 미치는 영향을 연구한 결과 분배공정성이 절차공정성에 비하여 임금에 대한 만족을 더 잘 설명하고 있었으며, 절차공정성이 분배공정성에 몰입을 더 잘 설명하고 있음을 확인하였다.

따라서 분배와 절차공정성이 모두 조직몰입에 미치는 영향이 있을지라도 그 효과의 크기는 절차공정성이 더 크다는 것을 알 수 있으며, 조직몰입의 경우 하위개념인 정서적 몰입에 미치는 영향이 보다 크다는 것을 알 수 있다.

3. 조직지원인식과 조직몰입과의 관계

조직지원인식이란 조직구성원들의 조직에 대한 공헌도와 복지에 대해 구성원은 조직에 대해 어느 정도 기대를 가지고 있다고 생각하는 경향으로 이러한 조직지원인식을 거래적 관점에서 보면, 조직의 구성원에 대한 몰입과 관심, 배려 등은 다시 구성원으로 하여금 조직에 몰입하게끔 한다는 것이다.

조직지원인식이 조직몰입에 미치는 영향은 많은 연구에서 찾아볼 수 있다. Eisenberger, Huntington, Hutchison, Sowa(1986)은 조직지원인식을 측정하기 위한 Survey of Perceived Organizational Support(SPOS)를 제시하였는데, 조직지원인식을 측정하기 위한 설문지는 조직몰입과는 다른 것을 측정하는 개념적으로 타당한 측정도구로 나타나고 있으며(Shore & Wayne, 1993), 조직지원인식은 금전적인 것과 가치관에 관련된 모든 것을 포함하고 있는 하나의 믿음이라는 것을 보여주고 있다(Shore & Tetrick, 1991).

또한 Eisenberger, Fasolo, Davis-LaMastro(1990)는 조직지원인식이 계속적인 조직몰입과 정서적인 조직몰입에 긍정적인 영향을 미친다는 것을 보여주고 있다. 이들의 연구에서 시의 행정 구성원들과 관리자들을 이용하여 조직지원인식을 소유하고 있는 구성원들이 조직에 대한 강한 소속의 욕구와 충성심을 보일 뿐만 아니라 승진 및 임금과 같은 물질적인 보상에 대한 많은 기대를 소유하고 있다는 것을 보여주었다.

특히 Eisenberger et al.(1986, 1990)의 연구결과에 의하면 조직구성원이 조직지원을 높게 인식할수록 성과-보상의 기대와 감정적 애착심이 높아진다는 것이다. 사회적 교환이론의 관점에서 조직지원인식으로 인하여 구성원이 조직의 목표를 달성하기 위한 노력을 증가할수록 조직으로부터 그에 상응하는 보상이 주어질 것이라는 구성원의 기대를 증가시키고, 칭찬과 승진에 대한 종업원의 기대에 부합되는 조직지원은 조직의 멤버십을 자아정체감과 일치되게 하여 정서적 몰입으로 발전한다는 것이다. 아울러 조직으로부터 지원을 인식하는 종업원들은 조직을 떠남으로써 생기는 경제적·심리적 손실과 비교하여 조직에 남음으로써 얻게 되는 이익이 크다고 인식할 것이고, 따라서 지속적 몰입도 증가하게 된다는 것이다,

이유진(1999)은 조직지원인식의 선행변수로 절차공정성이 구체적으로 임금결정과 승진절차의 의한 공정성이 조직지원에 대한 인식에 영향을 미친다는 것을 보여주었다. 또한 인사고과의 절차공정성이 조직지원에 대한 인식에 유의한 영향을 미치지는 못했지만 긍정적인 영향을 미쳤으며, 구성원의 조직지원인식은 정서적 몰입과 이직의도라는 구성원의 태도와 행동에 주요한 역할을 한다는 결과를 확인하였다.

따라서 지각된 조직지원은 책임감이나 혁신, 몰입과 밀접한 관련이 있으며, 문제해결에 도움을 주고 처리하는 데 공정하게 처리하는 효과를 가져와 행동 또는 태도에 영향을 미친다고 할 수 있다.

제4절 조직시민행동에 관한 고찰

1. 조직시민행동의 개념

조직시민행동에 대한 연구자들은 각각 다양한 용어를 사용하여 왔다. 그러나 Smith, Organ & Near(1983), Organ(1988a), Puffer(1987), Van Dyne, Graham & Dienesch(1994) 등의 연구에서는 조직시민행

동이라는 용어로 통일하여 사용하였다(서준호·윤위석, 2003).

조직시민행동은 자유 재량적인 행동으로서 공식적 보상 시스템에 의하여 직접적으로 명확히 인식되지는 않았으나 전반적인 조직 기능의 유효성이나 효율성을 증진시키는 개인의 자발적인 행동으로 정의된다(Organ, 1988). 즉 조직시민행동이란 조직이 제공하는 공식적인 보상과는 무관하며 최소한 단기적으로는 직접적인 보상이 따르지 않는 행위를 말하며, 조직구성원의 재량적 행위이며, 전반적인 조직효과성에 기여하는 행위라는 세 가지 특징을 포함하고 있다.

Van Dyne, Graham & Dienesch(1994)은 조직시민행동이란 전통적인 고유 역할 내의 업무수행행동, 조직의 기능상 필요한 추가적인 역할행동뿐만 아니라 조직에 책임을 가지고 적극적으로 참여하는 것과 같은 조직구성원이 조직에 보여주는 모든 긍정적인 행동이라 정의하였다. 또한 그들은 조직시민행동의 하위 개념을 충성행동, 복종행동, 참여행동의 세 가지 차원으로 구분하였다. 충성행동은 개인과 집단의 이익을 넘어서서 조직을 홍보하고 협력하는 행동이라 하였으며, 복종행동은 공식적으로 요구되는 수준 이상의 역할 행동이라 하였으며, 참여행동이란 조직의 발전과 관리에 관심을 보이는 행동이라 하였다(Van Dyne, Graham & Dienesch, 1994).

태도를 구성하는 요소들 중 행동적 요소로 관심을 끄는 개념이 조직시민행동이다. 시간관념에 대한 정확성, 상사와 동료들 간의 예의, 공공시설물의 존중과 질서의식, 고객이나 부하들에 대한 관심과 배려, 회의참여 시 진지한 토론과 대화 등 긍정적인 태도들이 직무만족이나 조직의 성과와 관계가 있다는 연구들이 제시되고 있다. 또한 조직 구성원들이 바람직한 조직시민행동을 보이는 데는 개인의 성격보다 경영자들의 리더십과 작업환경이 더 영향을 미친다고 하며, 조직구성원들을 공평하게 대우해 줄 때 바람직한 시민적 행동들이 표출된다고 한다. 극한적인 노사 간의 대립과 갈등에서 보여주는 비시민적 행동들의 유발요인들이 어디에서 연유되는가를 깊이 생각해야 할 것이다(손태원, 2007).

2. 공정성과 조직시민행동과의 관계

조직시민행동은 자유재량적인 행동으로서 공식적 보상 시스템에 의하여 직접적으로 명확히 인식되지는 않았으나 전반적인 조직 기능의 유효성이나 효율성을 증진시키는 개인의 자발적인 행동으로 정의된다(Organ, 1988).

조직의 분위기 또는 조직이 특성적인 측면에서 공정하다고 구성원들이 인지할 경우 조직에서의 신뢰에 대한 긍정적인 작용뿐만 아니라 조직 구성원의 바람직한 태도인 조직몰입을 예측할 수 있다는 점에서 공정성은 현재 조직에서 중요하게 고려돼야 할 것이다. 공정성이 조직의 성과나 효과성에 영향을 미친다고 전제한 연구들은 조직공정성과 조직시민행동의 관계를 규명하면서도 조직공정성에 대한 지각을 조직시민행동의 예측요인으로 조명하고 있다.

Farh, Podsakoff & Organ(1990), Moorman(1991), Neihoff & Moorman(1993), Organ(1990) 등의 연구에서는 조직의 분배와 절차에 대해 공정하다고 인식한 경우 그렇지 않은 구성원에 비해 조직에서의 바람직한 행동을 할 가능성이 높다고 보고하고 있다. Organ(1990)은 공정성에 대한 지각은 조직시민행동의 촉진에 중요한 역할을 한다고 지적하고 있으며, Farh, Podsakoff & Organ(1990)은 조직시민행동을 예측하는 데 있어 절차공정성에 대한 지각이 영향을 미침을 제시하고 있다.

Neihoff & Moorman(1993)도 조직시민행동은 공식적 절차와 관련하여 가장 잘 설명될 수 있음을 지적하였고, Moorman(1991)은 구조방정식모형을 통해 공정성과 조직시민행동 간의 관계를 검증하면서 조직공정성에 대한 지각이 조직시민행동의 예측요인임을 제시하고 있다.

권용수(2001)는 중앙부처 공무원을 대상으로 진행한 연구결과 분배공정성과 절차공정성이 정서적 몰입과 직무몰입에 직접적인 영향을 미치며, 몰입의 경로를 거쳐서 이타주의와 일반화된 순응에 영향을 미친다고 하였다. 박철민·김대원(2001)의 일선 행정공무원을 대상으로 한 연구에서 분배공정성과 절차공정성이 조직시민행동에 직접적인 영향을 미쳐서 행정서비스의 질에 간접 영향을 미치는 경로를 확인하였다.

따라서 공정성은 조직구성원의 인지적인 만족과 몰입과 같은 태도를 넘어서 구체적인 역할행동에도 긍정적인 영향을 미치기 때문에 조직관리 차원에서 구성원들이 조직에 대해서 공정하다고 지각하는 것은 조직유효성의 향상에 있어서 중요하다는 것을 알 수 있다.

3. 조직지원인식과 조직시민행동과의 관계

조직지원에 상호호혜적인 구성원들은 조직시민행동을 보임으로써 조직지원에 대한 상호호혜의 의무를 수행한다. 이러한 상호호혜는 사회적 교환과 관계적인 심리적 계약에 기초된다.

조직시민행동은 구성원과 조직 간의 심리적 계약이 파기됐을 때 가장 먼저 희생양이 된다고 할 수 있는데, 조직시민행동은 공식적으로 규정된 역할 범위 밖에 놓여 있기 때문에 사용자로부터 위협을 느끼지 않고 쉽게 조직시민행동을 포기할 수 있기 때문이다(Bultenna, 1998). 즉 투입요소로서 공식적인 직무수행의 증감에 의한 전략은 위험하여 보다 덜 위험한 특성을 지닌 조직시민행동을 포기한다는 것이다(Organ, 1988).

Adams(1963)의 공정성 이론에 의하면 종업원들은 그들이 행한 다양한 형태의 공헌을 기업이 평가하고 인정해 줄 것을 기대하지만 종업원이 과업수행에 투자한 투입과 이러한 투입의 결과로 조직으로부터 받는 산출, 즉 조직적 지원의 비가 불공정한 것으로 지각할 경우 종업원은 불공정성을 시정하는 방향으로 동기유발이 된다.

따라서 조직시민행동을 종업원이 조직에 투자하는 투입요소로 인지할 경우 과업수행에 투자한 투입의 결과로 조직으로 받는 지원에 대한 지각이 낮을 경우 조직시민행동을 줄임으로써 불공정을 시정하려 할 것이다. 투입요소로 조직시민행동의 감소는 공식적인 직무행동, 즉 역할 내 행동과 비교하여 과업목표나 조직내규와 같은 상황적 요소의 제약을 적게 받게 됨으로 조직시민행동의 감소로 심리적 불공정 또는 불균형을 쉽게 시정할 수 있다(안광영, 1999; Organ, 1977). 그러므로 조직지원에 대한 지각이 낮을 경우 조직시민행동의 발현을 감소시킴으로써 투입과 산출의 균형을 맞추려 할 것이다. 반면 조직에서 좋은 대우를 받는 종업원들은 공식적 직무기술서에 기록된 의무를 초월하여 여러 가지 방식으로 매우 자발적으로 조직에 기여함으로써 조직적 지원에 보답하기 위해 노력할 것이다.

조직으로부터 자신들이 조직의 발전에 중요한 존재로서 인정받고 자신들의 복지에 대해 조직이 많은 관심과 배려를 하고 있다고 느끼는 구성원들은 호의적인 조직의 태도에 보답하고자 하는 의무를 지니게 된다. 즉 호혜주의의 규범에 기초하여 자신들의 조직구성원들의 기여에 가치를 부여하며, 구성원들의 복지에 관심을 기울인다고 지각하는 구성원들은 역할 내 및 역할 외 직무의 성과를 증대시키고자 하는 책무를 지각하게 된다. 그러므로 조직구성원이 지각하는 조직지원의 수준이 높을수록 조직시민행동의 빈도가 증가할 것이다 (Eisenberger et al., 1990; Witt, 1991).

4. 조직몰입과 조직시민행동과의 관계

조직시민행동은 공식적으로 구성원에게 규정된 업무 영역은 아니지만 조직 발전에 기여하기 위하여 수행하는 구성원의 자발적이고 기능적인 행동을 의미하고 있다. 조직시민행동에 관한 연구는 조직시민행동의 구성요소와 개념에 대한 연구가 주종을 이루다가 조직시민행동에 영향을 미치는 선행요소들을 규명하는 연구로 관심을 옮겨가기 시작하였고, 이러한 연구결과 선행요소로는 직무만족, 조직몰입, 신뢰, 정당성, 리더십, 공정성 등이 연구되었다.

O'Reilly & Chatman(1986)은 조직몰입의 순응화, 동일화, 내면화가 조직시민행동에 높은 유의한 상관관계가 있음을 주장하였고, 이

희자(1998)는 리더에 대한 신뢰, 조직몰입, 조직공정성에 대한 요인을 밝히고 조직구성원들이 조직시민행동에 미치는 영향관계가 있다고 주장하였다. Morrison(1994)은 역할, 만족, 몰입, 사회적 암시를 선행요인으로 두어 이러한 선행요인이 직무범위라는 매개변수를 통해 조직시민행동에 영향을 미치고 있음을 주장하였고, Bolon(1997)은 조직시민행동의 선행요인으로 직무만족과 조직몰입을 연구하여 조직몰입이 조직시민행동과 정의 상관관계가 있음을 규명하였다.

Hui, Organ, Crooker(1993)는 조직구성원의 개인특성이 조직몰입에 영향을 미쳐서 조직시민행동에 관계된다고 주장하였으며, Manogran(1994)도 조직구성원의 개인특성과 같은 선행요인이 조직몰입을 통해 조직시민행동에 영향을 준다고 제안하였다. 또한 Steers, Mowday, & Porter(1982)는 조직몰입이 선행요인과의 관계에서 매개적 성격을 갖는 것으로 실증분석하였다.

Scholl(1981)과 Weiner(1982)의 연구에서는 조직몰입과 조직시민행동 간의 사이를 간접적인 관계로 설명하였고, O'Reilly & Chatman(1986)은 직무만족과 직무만족의 한 측면만을 고려한 연구들이 조직시민행동과 유의한 상관관계가 있다는 데 착안하여 조직몰입도 관리자의 리더십 유형에 따라 조직시민행동에 유의할 것이라 보았으며, Hannson & Slade(1978)는 조직몰입이 조직시민행동과 높은 정의 관계가 있을 것이라고 제안하였다.

이러한 조직몰입과 조직시민행동 간의 관계에 대한 선행 연구결과를 토대로 예측해 보면 조직몰입과 조직시민행동 간에는 유의한 상관관계가 있을 것으로 예측된다.

제 4 장
연구모형 및 가설

제4장

본 장에서는 문헌연구를 통해 확인된 연구변수들의 경로 및 관계와 관련하여 다음과 같은 연구모형을 제시하고자 한다. 조직시민행동의 선행변수들로 공정성, 조직지원인식, 조직몰입으로 설정하며, 특히 공정성의 하위변수로 분배공정성과 절차공정성, 조직몰입의 하위변수로 정서적 몰입과 지속적 몰입을 설정하였는데 이는 국내외 연구에서 조직에 대한 동일시와 애착의 정도를 잘 반영하고 있기 때문이다.

제1절 연구모형 및 가설의 설정

1. 연구모형의 설정

조직시민행동이란 조직 내의 구성원들이 자발적으로 수행하는 행동을 의미하는데 직무상 반드시 수행해야 할 것이 아니다. 또한 조직구성원들이 이러한 행동을 보인다고 해서 보상을 받는 것도 아니다. 그러나 조직구성원들의 이러한 행동은 조직에 긍정적인 효과를 초래하고 있어 최근 들어 경영환경이 급속도로 변화되고 있는 상황에서 이에 적응하기 위한 노력이 다각도로 이루어지고 있다. 이는 조직시민행동이 조직의 유효성을 높이기 때문이며, 조직시민행동에 긍정적인 영향을 미치는 요인에 대해서 관심을 가지고 연구할 필요성이 제기된다.

한편, 조직은 보상의 제공을 유인(incentive)으로 조직에 대한 개인들의 참여를 유도하며, 개인들은 기여에 대한 보상을 기대하면서 조직에 참여한다. 물론 노동 그 자체가 개인의 삶에 의미를 부여하고 풍요롭게 해 준다는 점을 무시할 수 없지만 물질적 유인이 조직에 대한 개인들의 참여의 핵심적인 동인이라는 것은 부인할 수는 없다. 이러한 측면에서 기여에 대한 대가로 조직에 의해서 제공되는 보상은 조직구성원들의 태도와 행동에 상당한 영향을 미치며, 조직연구자와 경영자들이 이론적 및 실천적 측면에서 보상 문제와 절차에 관련한 조직공정성에 많은 관심을 기울여 온 것은 바로 이런 이유 때문이다(고종욱·류철, 2005).

또한 조직지원인식은 조직구성원들의 조직에 대한 공헌도와 복지에 대해 구성원은 어느 정도 믿음을 가지고 있다 생각하는 경향으로 이러한 조직지원인식은 거래적 관점에서 조직의 구성원에 대한 몰입과 관심, 배려 등은 다시 구성원으로 하여금 조직에 몰입하게 한다. 그리고 조직몰입은 조직구성원의 조직에 대한 심리적 애착, 즉 자신이 속해 있는 조직에 대하여 얼마나 일체감을 가지고 몰두하는가의 정도를 나타내는 것이라 할 수 있다. 이러한 조직몰입이 주목을 받는 이유는 조직유효성의 유용한 예측지표가 될 수 있기 때문이며, 비교적 장기간에 걸쳐 안정성을 가지고 있어 조직구성원의 태도와 행동 사이의 관계를 잘 나타내 주고 있기 때문이다(Angle & Perry, 1986). 이러한 맥락에서 조직몰입은 이직, 성과 등과 같은 조직유효성 변수들에 유의한 영향을 미칠 뿐만 아니라 이를 조직유효성 변수들을 예측하는 데 뛰어난 유용성을 보이고 있다(Blau & Boal, 1989; Morris & Sherman, 1981).

제2장의 이론적 배경에서 도출된 변수들을 중심으로 본 연구는 영리조직과 비영리조직 구성원의 공정성 지각이 조직지원인식과 조직유효성의 예측지표로 사용되고 있는 조직몰입에 미치는 영향을 분석하고, 조직 구성원의 공정성이 조직지원인식과 조직몰입을 통해 조직시민행동에 어떠한 영향을 미치는지 비교분석을 하였다.

따라서 본 연구를 수행하기 위해 기존 연구문헌의 검토를 통해 연구변수를 설정하여 각 변수들 간의 관계를 규명하여 설정한 모형을 다음의 <그림 4-1>과 같이 설계하였다.

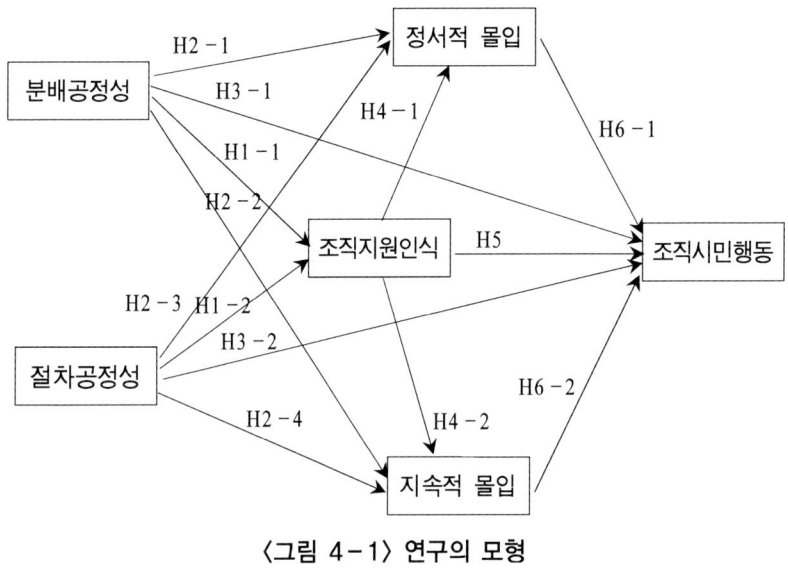

〈그림 4-1〉 연구의 모형

2. 가설의 설정

　본 연구는 관련 이론과 선행연구를 기초로 하여 영리조직과 비영리조직 구성원의 공정성 지각이 조직지원인식, 조직몰입, 조직시민행동에 어떠한 영향을 미치는가를 연구하는 데 목적이 있다. 즉 연구의 과제는 공정성 지각, 조직지원인식, 조직몰입이 조직시민행동에 영향을 주는지 알아보는 것이며, 이론적 고찰 및 선행연구를 통해 상기 <그림 3-1>과 같은 분석모형을 만들었으며, 각 변수들 간에 다음과 같은 연구 가설들을 설정하였다.

〈표 4-1〉 공정성과 조직지원인식 간의 관계 가설 설정

가설 1: 공정성은 조직지원인식에 정의 영향을 미칠 것이다.
　H1-1: 분배공정성은 조직지원인식에 정의 영향을 미칠 것이다.
　H1-2: 절차공정성은 조직지원인식에 정의 영향을 미칠 것이다.

〈표 4-2〉 공정성과 조직몰입의 관계 가설 설정

가설2: 공정성은 조직몰입에 정의 영향을 미칠 것이다.
　H2-1: 분배공정성은 정서적 몰입에 정의 영향을 미칠 것이다.
　H2-2: 분배공정성은 지속적 몰입에 정의 영향을 미칠 것이다.
　H2-3: 절차공정성은 정서적 몰입에 정의 영향을 미칠 것이다.
　H2-4: 절차공정성은 지속적 몰입에 정의 영향을 미칠 것이다.

〈표 4-3〉 공정성과 조직시민행동의 관계 가설 설정

가설3: 공정성은 조직시민행동에 정의 영향을 미칠 것이다.
　H3-1: 분배공정성은 조직시민행동에 정의 영향을 미칠 것이다.
　H3-2: 절차공정성은 조직시민행동에 정의 영향을 미칠 것이다.

〈표 4-4〉 조직지원인식과 조직몰입의 관계 가설 설정

가설4: 조직지원인식은 조직몰입에 정의 영향을 미칠 것이다.
　H4-1: 조직지원인식은 정서적 몰입에 정의 영향을 미칠 것이다.
　H4-2: 조직지원인식은 지속적 몰입에 정의 영향을 미칠 것이다.

〈표 4-5〉 조직지원인식과 조직시민행동의 관계 가설 설정

가설5: 조직지원인식은 조직시민행동에 정의 영향을 미칠 것이다.

〈표 4-6〉 조직몰입과 조직시민행동의 관계 가설 설정

가설6: 조직몰입은 조직시민행동에 정의 영향을 미칠 것이다.
　H6-1: 정서적 몰입은 조직시민행동에 정의 영향을 미칠 것이다.
　H6-2: 지속적 몰입은 조직시민행동에 정의 영향을 미칠 것이다.

제2절 변수의 조작적 정의와 측정항목의 구성

1. 공정성

공정성이란 개인이 다른 사람과 비교하여 공정하게 대우를 받고 있다는 믿음으로 조직 내의 각종 의사결정의 결과에 대하여 조직구성원들이 인식하는 공정성의 정도를 의미한다. 이러한 공정성은 조직구성원들이 조직생활의 과정에서 공정하게 대우를 받고 있는가에 기초를 두고 있으며, 조직구성원들은 적절하다고 생각하는 보상을 받지 못한다고 지각할 때에는 조직에 대한 몰입을 약화시키거나 또는 불성실한 업무수행으로 이어져 결근 또는 이직 등의 반응으로 나타날 수 있다.

(1) 분배공정성

분배공정성이란 조직구성원이 조직으로부터 받는 보상의 크기에 대한 공정성을 인식하는 정도를 의미하며, 성과 배분의 공정성 또는 의사결정에 따른 결과의 공정성을 말한다. 즉 분배공정성은 포괄적으로는 조직이 보유한 자원, 협소하게는 조직의 보상과 관련하여 그와 같은 자원이나 보상의 배분결과에 대해 지각된 공정성이다.

따라서 본 연구에서의 분배공정성이란 보상 배분의 결과에 대한 지각된 공정성이라 정의하고, Price & Mueller(1986)가 개발한 분배공정성 측정 척도와 Moorman(1991)의 연구에서 사용된 문항을 본 연구의 목적에 맞게 부분적으로 수정·보완하여 5개 항목을 채택한 후 리커트 5점 척도를 이용하여 측정하였다.

〈표 4-7〉 분배공정성의 측정 항목

변 수	측 정 항 목
분배 공정성	① 우리 조직은 성과목표의 달성과 열심히 근무하면 적절한 보상을 해 준다. ② 우리 조직은 업무처리에 따른 노력과 능력에 따라 적절한 보상을 해 준다. ③ 우리 조직은 업무상 부여된 책임의 정도만큼 적절한 보상을 해 준다. ④ 우리 조직은 경험 또는 경력의 정도만큼 적절한 보상을 해 준다. ⑤ 우리 조직은 업무처리상의 스트레스나 긴장만큼 적절한 보상을 해 준다.

(2) 절차공정성

절차공정성은 결과에 이르는 절차가 얼마나 적절한가에 대한 조직

구성원의 지각, 즉 결과 획득에 사용된 수단의 공정성을 의미한다. 즉 보상 분배 결정과정이나 의사결정과정에 대한 절차가 공정한 방법이나 정해진 원칙에 의하여 이루어졌는지를 의미한다.

따라서 본 연구에서의 절차공정성은 보상 배분 결정과정이나 의사결정 과정을 내리기 위해서 활용되는 절차나 규칙에 대한 지각된 공정성이라 정의하고, Leventhal(1980), Moorman(1991), McFarlin & Sweently(1992), Niehoff & Moorman(1993)가 사용한 문항을 참고하여 수정·보완한 5개 항목을 리커트 5점 척도를 이용하여 측정하였다.

〈표 4-8〉 절차공정성의 측정 항목

변 수	측 정 항 목
절차 공정성	① 우리 조직은 조직구성원별 보상 근거를 얻기 위한 절차가 있다. ② 우리 조직은 조직구성원의 보상결정에 사용된 절차가 공정하다. ③ 우리 조직은 조직구성원에 따라 변하지 않는 일관된 보상 기준이 있다. ④ 우리 조직은 조직구성원의 승진, 인사이동, 전환배치에 사용되는 절차는 공정하다. ⑤ 우리 조직은 조직구성원의 승진, 인사이동, 전환배치에 사용되는 절차는 일관성이 있다.

2. 조직지원인식

조직지원인식은 조직이 구성원들의 기여에 부여하는 가치와 조직구성원의 복지에 대한 관심의 정도와 관련하여 구성원들이 형성하는 일반적인 지각이라 할 수 있다(Eisenberger et al., 1986; 정홍술, 2002).

이를 측정하기 위하여 본 연구에서는 조직지원인식을 조직이 구성원들의 기여에 부여하는 가치와 조직구성원의 복지에 대한 관심의 정도와 관련하여 구성원들이 형성하는 일반적인 지각이라 정의하며, Eisenberger et al.(1986)의 연구에서 사용된 설문 문항을 수정·보완하여 5개 항목을 리커트 5점 척도를 이용하여 측정하였다.

<표 4-9> 조직지원인식의 측정 항목

변 수	측 정 항 목
조직 지원 인식	① 내가 속한 조직은 조직을 위한 나의 기여에 높은 가치를 둔다. ② 내가 속한 조직은 나의 복지에 진정으로 관심을 보인다. ③ 내가 속한 조직은 나의 가치와 목표를 사려 깊게 고려한다. ④ 내가 속한 조직은 나에게 영향을 미치는 의사결정을 할 때 나의 관심사항을 고려해 준다. ⑤ 내가 속한 조직은 나의 능력을 최대한 발휘하여 업무를 수행할 수 있도록 나를 돕고자 노력한다.

3. 조직몰입

조직몰입이란 한 조직에 대한 개인의 동일시와 몰입의 상대적 정도, 즉 개인이 자기가 속한 조직에 대해 얼마나 일체감을 가지고 몰두하느냐 하는 정도를 의미한다. 따라서 본 연구에서는 Allen & Meyer(1990)가 제시한 조직몰입의 하위 개념, 즉 조직구성원이 충성심, 호의, 따뜻함, 다정함, 행복함, 유쾌함 등의 감정을 통하여 조직에 대해 개인적으로 느끼는 심리적 애착의 정도로서 조직에 대하여 열정과 충성심을 스스로 행사하려는 의지로 조직에 대한 감정적 애착으로부터 나오게 되는 자발적 몰입인 정서적 몰입이다. 조직구성원이 조직구성원으로 남아 있겠다고 느끼는 개인적 경험의 정도로서 구성원이 조직을 떠나면 잃게 될지도 모르는 축적된 투자나 여러 가지 이해관계 요소들을 인지하거나 또는 조직에 남는 것과 비교할 만한 대안이 불확실할 때 형성되며, 조직과의 관계에서 이익과 손실의 합리적 계산에 의해 나타나는 비자발적 몰입이라 할 수 있는 지속적 몰입의 정의를 사용한다.

즉 본 연구에서 사용하는 조직몰입은 Allen & Meyer의 정서적 몰입과 지속적 몰입이며, 이 두 가지 형태의 조직몰입은 기본적 성격의 차이로 분리할 수 있는 것으로 볼 수 있는데, 정서적 몰입은 가치, 지속적 몰입은 경제적 요소에 기초한다고 할 수 있다. 정서적 몰입은 감정적으로 조직과의 관계를 유지하고 싶은 심정에 의해 형성되는 태도이고, 지속적 몰입은 경제적인 계산에 의해 형성되는 태도라고 보는 것이다.

또한 Allen & Meyer(1990)의 연구에서 사용된 설문 문항과 Ko, Price & Mueller(1997), 장은미(1997), 이유진(1999), 김윤성(2002)의 연구에서 사용된 설문 문항을 부분적으로 수정·보완하여 정서적 몰입 5개 항목, 지속적 몰입 5개 항목을 각각 리커트 5점 척도를 이용하여 측정하였다.

<표 4-10> 조직몰입의 측정 항목

변수	하위 변수	측 정 항 목
조직 몰입	정서적 몰입	① 나는 이 조직에서 나의 삶을 영위하는 것을 매우 행복 하다고 생각한다. ② 나는 조직의 문제가 곧 나의 문제처럼 느껴진다. ③ 나는 내가 속한 조직에서 가족과 같은 따뜻함을 느낀다. ④ 나는 내가 속한 조직에 대해 강한 소속감을 가지고 있다. ⑤ 나는 우리 조직의 사람과 일을 좋아하기 때문에 지금 의 조직을 떠난다는 것은 매우 힘든 일이다.
	지속적 몰입	⑥ 내가 만약 이 조직을 떠난다면 나의 인생에 있어서 많 은 것을 잃게 될 것이다. ⑦ 내가 만약 다른 조직으로 옮기더라도 이 조직에서처럼 헌신하기가 어려울 것이다. ⑧ 내가 지금의 조직에 남아 있는 것은 욕구를 충족해 줄 뿐만 아니라 필요에 의한 것이다. ⑨ 나는 이 조직이 나의 평생직장이라고 생각한다. ⑩ 현재의 조직에서 얻고 있는 만큼의 보편적인 이익을 다른 조직에서는 제대로 만족시키지 못할 것이다.

4. 조직시민행동

조직시민행동은 자유 재량적인 행동으로서 공식적 보상시스템에 의하여 직접적으로 명확히 인식되지는 않았으나 전반적인 조직 기능의 유효성이나 효율성을 증진시키는 개인의 자발적인 행동이다.

따라서 본 연구에서는 조직시민행동이란 공식적 보상체계에 의해 직접적으로 인식되지는 않으나 조직이 효과적으로 기능을 발휘하는 데 기여하는 행동으로 정의하며, Van Dyne, Graham, Dienesch(1994)

의 연구를 중심으로 김재복(1998), 윤상돈(2006)의 연구에서 사용된 설문 문항을 수정·보완하여 충성행동 7개 항목, 복종행동 7개 항목, 참여행동 7개 항목 등, 총 21개 항목을 각각 리커트 5점 척도를 이용하여 측정하였다.

(1) 충성행동

조직시민행동은 조직구성원으로서 누리는 권리에 상응하는 책임 있는 행동이며, 따라서 조직구성원은 그들이 조직에서 정당한 권리를 향유하고 조직이 그들을 정당하게 대우한다면 구성원 또한 조직에 대한 책임 있는 행동으로서 충성을 다하여야 할 것이다.

본 연구에서는 충성행동을 조직구성원이 개인과 집단의 이익을 넘어서 조직을 홍보하고 협력하는 행동으로 정의하며, Van Dyne, Graham, Dienesch(1994)의 연구를 중심으로 김재복(1998), 윤상경(2006)의 연구에서 사용된 설문 문항을 수정·보완하여 7개 항목을 리커트 5점 척도를 이용하여 측정하였다.

〈표 4-11〉 충성행동의 측정 항목

변 수	측 정 항 목
충성 행동	① 우리 조직은 일할 만한 회사라고 주변 사람들에게 이야기한다. ② 더 나은 보수가 보장되더라도 다른 조직으로 옮기지 않겠다. ③ 내가 가진 정보를 조직구성원들에게 적극적으로 알려주는 편이다. ④ 나에게 주어진 업무 이외의 일이라도 자원해서 하는 편이다. ⑤ 업무시간 외의 근무가 필요로 하는 경우 자발적으로 지원하여 임한다. ⑥ 우리 조직의 기밀을 외부에 이야기하지 않는다. ⑦ 나의 결정이나 행동에 앞서서 조직이나 조직구성원에게 미치는 영향을 먼저 생각하는 편이다.

(2) 복종행동

조직시민행동의 기본적인 관점은 조직구성원 개개인이 보여주는 조직을 위한 긍정적인 행동이다. 복종행동은 공식적으로 요구되는 수준 이상의 역할 행동이므로 본 연구에서는 조직구성원이 개인과 집단의 이익을 넘어서 조직에서 공식적으로 요구되는 수준 이상의 역할 행동으로 정의하며, Van Dyne, Graham, Dienesch(1994)의 연구를 중심으로 김재복(1998), 윤상경(2006)의 연구에서 사용된 설문 문항을 수정·보완하여 7개 항목을 리커트 5점 척도를 이용하여 측정하였다.

〈표 4-12〉 복종행동의 측정 항목

변 수	측 정 항 목
복종 행동	① 나의 능력이 되는 한 우리 조직의 일에 항상 최선을 다한다. ② 나에게 주어진 일에 대하여 정해진 날짜나 시간을 잘 지킨다. ③ 어떠한 일이 있어도 나에게 주어진 일에 대해서는 임무를 완수한다. ④ 조직에 출근할 때 즉시 업무가 시작될 수 있도록 준비가 되어 있다. ⑤ 조직에서 사용되는 물자를 나의 것처럼 아껴서 사용한다. ⑥ 다른 조직구성원이 보지 않더라도 조직의 규정이나 규칙을 잘 지킨다. ⑦ 우리 조직에서 요구하는 변화에 부응하도록 노력한다.

(3) 참여행동

조직구성원은 조직이 필요로 하는 것이 무엇인지 파악하고 이에 대한 개선 방안을 조직 관리자에게 제시함으로써 조직이 보다 발전될 수 있도록 기여해야 한다. 즉 조직구성원의 참여 행동은 조직의 발전에 중요한 영향을 미치는 조직시민행동이라 할 수 있다.

본 연구에서는 참여행동을 조직구성원이 스스로 조직 내 활동과 정책에 참여하는 행동으로 정의하며, Van Dyne, Graham, Dienesch (1994)의 연구를 중심으로 김재복(1998), 윤상경(2006)의 연구에서 사용된 설문 문항을 수정·보완하여 7개 항목을 각각 리커트 5점 척도를 이용하여 측정하였다.

〈표 4-13〉 참여행동의 측정 항목

변 수	측 정 항 목
참여 행동	① 새로운 추진업무나 업무의 능률을 향상시킬 수 있는 제안을 조직구성원들에게 자주 이야기하는 편이다. ② 조직의 성과를 높이기 위해서 직무 이외의 훈련에도 적극 참여한다. ③ 우리 조직에서 담당하고 있는 업무에 대한 프로페셔널리스트가 되려고 노력한다. ④ 주어진 업무에 관련되어 있는 사람들과 적극적으로 협력한다. ⑤ 업무가 효율적으로 이루어질 수 있도록 새로운 아이디어를 찾는 데 적극적인 편이다. ⑥ 자신이 수행하고 있는 업무에 대하여 최신의 정보와 지식을 적용시키려고 노력한다. ⑦ 다른 조직 구성원이 업무처리를 스스로 할 수 있는 능력을 가질 수 있도록 도와준다.

제 5 장
실증분석 및 결과

제5장

제1절 조사 설계

1. 자료의 수집과 분석방법

실증분석을 위한 자료수집방법으로 자기보고식(self-reporting) 설문지를 사용하였다. 연구를 위한 자료수집방법으로는 관찰법, 면접법 등의 여러 가지가 있으나, 표준화된 설문지법은 결과의 비교가능성을 가장 높일 수 있는 방법이다. 즉 모든 응답자에게 동일한 내용을 동일한 방식으로 질문함으로써 측정도구의 변화에 따른 측정의 오류를 피할 수 있고, 빠른 시간에 핵심적인 정보만을 선별하여 비교적 객관적이고, 솔직하며, 정확한 정보를 입수할 수 있기 때문이다(채서일, 1994).

따라서 본 연구는 실증분석을 위해 현업에 종사하고 있는 직장인을 모집단으로 표준화된 설문지법을 연구방법으로 채택하였다. 설문지는 우편을 통한 발송 및 회수방법을 지양하고 직접 설문지를 주고 응답하게 하여 회수하는 방법을 사용하였다.

본 연구에서 사용된 설문지는 5개의 영역으로 설계되었다. 즉 통제변수로 설문참여자의 일반적 특성 분석을 위한 5개 문항과 선행변수로서 공정성 10개 문항, 매개변수로 설정한 조직지원인식 5개 문항, 조직몰입 10개 문항, 결과변수인 조직시민행동 21개 문항 등 총 51개의 문항으로 구성하였다.

본 연구에 사용된 구체적인 실증분석방법은 다음과 같다.

첫째, 설문지의 각 항목에 대한 안정성과 일관성 및 예측가능성을 알아보기 위하여 Cronbach's α 계수를 신뢰도 계수로 사용하였다.

둘째, 각 변수들의 문항에 대한 타당도 분석으로 확인적 요인 분석을 실시하였다.

셋째, 본 연구에서 설정한 가설을 검증하기 위해 구조방정식 모형인 경로분석을 사용하였다.

넷째, 본 연구의 실증분석은 모두 유의수준 $p < .05$에서 검증하였으며, 통계처리는 SPSS 12와 AMOS 5.0을 사용하여 분석하였다.

2. 설문지의 구성

설문지는 자기보고식으로 작성되었고, 독립변수인 공정성은 분배공정성과 절차공정성으로 구성되었으며, 종속변수인 조직시민행동은 충성행동, 복종행동, 참여행동으로 구성하였다. 매개변수는 조직지원인식과 정서적 몰입 및 지속적 몰입으로 구성하였다. 이 외에 개인의 일반적 인구통계속성 및 조직속성에 관한 항목들로 구성되었으며 내용은 <표 5-1>과 같다.

〈표 5-1〉 측정항목의 구성

유 형	분류 변수	하위 변수	문항번호	문항 수	출 처	척 도
통제 변수	통계	성별	Ⅴ. (1)	1	일반적인 분류 인용	
		학력	Ⅴ. (2)	1		
		연령	Ⅴ. (3)	1		
		직급	Ⅴ. (4)	1		
		근속연수	Ⅴ. (5)	1		
선행 변수	공 정 성	분배공정성	Ⅰ. (1)-(5)	5	Price & Mueller(1986) Moorman(1991)	
		절차공정성	Ⅰ. (6)-(10)	5	Moorman(1991) Niehoff & Moorman(1993) Leventhal(1980)	
매개 변수	조직 지원 인식	사회·서적 지원	Ⅱ. (1)-(5)	5	Eisenberger et al.(1986)	리커트 5점 척도
	조직 몰입	정서적몰입	Ⅲ. (1)-(5)	5	Allen & Meyer (1990, 1993) Ko, Price & Mueller(1997) 장은미(1997) 이유진(1999) 김윤성(2002)	
		지속적몰입	Ⅲ. (6)-(10)	5		
결과 변수	조직 시민 행동	충성행동	Ⅳ. (1)-(5)	7	Van Dyne, Graham & Dienesch(1994) 김재복(1998) 윤상돈(2006)	
		복종행동	Ⅳ. (6)-(10)	7		
		참여행동	Ⅳ. (11)-(15)	7		

3. 표본의 대상

본 연구는 조직 구성원의 공정성 지각이 조직시민행동에 어떠한 영향을 미치는지 영리조직과 비영리조직 구성원의 지각을 토대로 실증적으로 규명하는 것을 목적으로 하고 있다. 본 연구의 경험적 조사를 위해 영리조직 구성원은 수도권에 근무하는 제조업 종사자로 하고, 비영리조직 구성원은 순수 시민단체 종사자로 하여, 이들을 대상으로 설문조사를 통해 이루어졌다. 설문조사는 2007년 8월 10일부터 8월 31까지 3주에 걸쳐 실시되었다. 그리고 피험자인 제조업 종사자와 순수 시민단체 종사자를 대상으로 하여 무작위로 표본을 추출하였다. 설문지는 총 350부를 배부하였는데, 제조업 종사자에 200부를 배부하여 193부가 회수(회수율 97%)되었고, 순수 시민단체에 150부를 배부하여 127부가 회수(회수율 85%)되었다. 회수된 설문지에서 제조업 종사자 13부, 순수 시민단체 종사자 20부는 설문 문항의 일부에 대해 응답을 하지 않아 자료로서의 가치가 없다고 판단되어 분석대상에서 제외되었다. 따라서 최종적으로 제조업 180부, 시민단체 107부를 분석 자료로 활용하였다.

연구대상자의 기본적 특성을 살펴보면, 영리조직 응답자 중 남성은 73%, 여성은 26.7%이며 비영리조직 응답자 중 남성은 32.8%, 여성은 68.2%를 차지하고 있다. 학력은 4년제 대졸이 영리조직은 74%, 비영리조직은 36%로 나타났으며, 영리조직은 대졸이 가장 높게 나타났으며, 비영리조직은 전문대졸이 가장 높게 나타났다. 직위에 있어서는 두 조직 모두 평직원이 가장 높은 비중을 차지하였다. 근속연수에서는 영리조직이 1-2년 근속연수가 36.7%로 높게 나타낮으며 비영리조직은 3-5년 근속연수가 34.6%로 가장 높은 비중을 차지하였다. 본 연구에서 최종분석에 사용한 유효표본의 개인 및 조직속성의 특성은 <표 5-2>와 같다.

〈표 5-2〉 응답자의 특성

변수구분 / 조직구분		영리조직		비영리조직	
변 수	구 분	빈도(명)	비율(%)	빈도(명)	비율(%)
성 별	남 성	132	73.3	34	32.8
	여 성	48	26.7	73	68.2
학 력	고 졸	43	23.9	19	17.8
	전문대졸	59	32.8	46	43.0
	대학교졸	74	41.1	36	33.6
	대학원졸	4	2,2	6	5.6
연 령	20세 이하	-	-	-	-
	21-30세	87	48.3	42	39.3
	31-40세	64	35.6	45	42.1
	41-50세	24	13.3	18	16.8
	51세 이상	5	2,8	2	1.9
직 급	사 원	88	48.9	81	75.9
	초급관리자	50	27.6	12	11.2
	중급관리자	27	15.0	10	9.3
	고급관리자	15	8.3	4	3.7
근속연수	1년 이하	25	13	22	20.6
	1-2년	66	36.7	28	26.2
	3-5년	49	27.2	37	34.6
	5-10년	27	15.0	15	14.0
	10년 이상	13	7.2	5	4.7

제2절 실증분석 결과

1. 측정도구의 신뢰성 및 타당성 검증

(1) 신뢰성 분석

신뢰성은 동일한 개념에 대해서 반복적인 측정을 했을 경우 나타나는 측정값들의 분산을 의미한다. 본 연구에서는 조사를 통하여 수집된 설문지의 각 측정항목이 어느 정도 일관성 있게 측정되었는지를 알아보기 위하여 먼저 신뢰성을 검토하였다. 신뢰성을 알아보기 위하여 각 변수의 측정항목에 대하여 Cronbach's α 계수를 산출하였다.

Cronbach's α 계수는 한 변수를 여러 문항으로 측정하는 경우에 내적 일관성을 검증하는 데 우수하다고 인정되고 있다(Carmines & Zeller, 1979).

일반적으로 사회과학에서는 이 값이 0.6 이상이면 측정지표의 신뢰성에 커다란 문제가 없다고 인정되므로, 본 연구에서는 0.6 이상을 기준으로 신뢰성이 있는 것으로 평가하였으며, 각 변수들 간의 측정 항목 수 및 Cronbach's α 값은 <표 5-3>에 나타나 있다.

<표 5-3> 측정 항목의 신뢰성

변 수	최초 항목 수	최종 항목 수	α 값
분배공정성	5	5	.8729
절차공정성	5	5	.8623
조직지원인식	5	5	.8859
정서적 몰입	5	5	.8618
지속적 몰입	5	5	.8717
충성행동	7	7	.8475
복종행동	7	7	.9219
참여행동	7	7	.8869

위의 <표 5-3>은 사용된 변수들의 신뢰도를 보여주고 있다. 대부분의 측정항목들의 α값이 .8 이상이므로 좋은 신뢰성을 확보했다고 볼 수 있다. 즉 분배공정성, 절차공정성, 조직지원인식, 정서몰입, 지속몰입, 조직시민행동 모두에서 Cronbach's α 계수는 .8475-.9219로 매우 높은 수준의 신뢰도를 보여주고 있어 신뢰수준을 만족한다고 할 수 있다.

(2) 타당성 분석

신뢰성 검증에서 높은 수준의 신뢰도를 보임에 따라 타당성(validity) 분석을 위해 확인적 요인분석을 실시하였다. 타당성은 조사자가 측정하고자 하는 측정개념이나 특성을 측정하기 위하여 개발한 측정도구가 해당 특성이나 속성을 어느 정도 정확히 나타내고 있는지를 보여주는 것이라고 할 수 있겠다.

타당성의 종류는 크게 세 가지로 나타낼 수 있다.

첫째, 내용타당성(content validity)은 측정도구를 구성하고 있는 항목들이 측정하고자 하는 개념을 대표적으로 나타내고 있는 정도를 나타낸다. 이 타당성은 측정도구가 얼마나 대표성 있게 측정대상의 개념을 측정하는가의 문제로서 연구자나 전문가의 주관적인 판단에 의해서 이루어진다. 따라서 내용타당성을 높이기 위해서는 측정도구를 계획하는 과정에서 미리 내용타당성을 확보할 수 있도록 계획하는 것이 바람직하다.

둘째, 예측 타당성(predictive validity)은 한 속성이나 개념에 대한 측정값이 다른 속성의 변화를 예측하는 정도에 의해 평가되는 타당도를 의미한다. 이는 기준에 의한 타당성이라고도 한다.

셋째, 개념 타당성(construct validity)은 측정도구가 실제로 무엇을 측정하였는가 또는 조사자가 측정하고자 하는 추상적인 개념이 실제로 측정도구에 의해서 적절하게 측정되었는가에 관한 문제로서 이론적인 연구를 하는 데 있어서 가장 중요한 타당성이다. 즉 구성개념을 제대로 측정하였는지를 검정하는 방법으로써 다속성측정방법(multi-trait-multimethod matrix)이나 요인분석 방법 등이 있다.

이 중에서 측정도구가 조사자가 원하는 개념으로 적절하게 측정되었는지 결정하는 것은 개념타당성으로서 집중타당성(convergent validity), 판별타당성(discriminant validity), 이해타당성(nomological validity) 등으로 나타내어질 수 있다.

본 연구에서는 타당성 검증을 위해서 변수 간의 확인적 요인분석을 실시하였다. 확인적 요인분석은 이미 탐색적으로 연구되었거나 또는 이중적인 근거에 의하여 측정구조모형이 가설적으로 구축된 것을 확인하기 위하여 실시하는 기법이다.

확인적 요인분석(confirmatory factor analysis)은 이론적인 배경하에서 변수들 간의 기존관계를 설정하고 요인분석을 이용하여 그 관계가 성립하는지 여부를 실증하는 데 사용되는 방법으로 확증적인 목적을 가지고 있다(김계수, 2001). 또한 특정 가설을 설정하고, 이것이 자료에서 관찰되는 관계를 어느 정도 잘 설명하고 있는가를 살펴본다. 그리고 연구자는 분석대상이 되는 변수에 대하여 그 내용을 가설의 형식으로 모형화한다(강병서 등, 1999).

이러한 확인적 요인분석은 조사자가 이론적 근거나 선행연구를 바탕으로 데이터에 대한 사전적 인식에 입각하여 가설을 세웠을 경우 사용된다. 확인적 요인분석 방법은 탐색적 요인분석처럼 데이터의 결과를 바탕으로 변수들을 묶는 것이 아니라 데이터 분석 전에 이미 이론적인 배경을 바탕으로 잠재변수를 구성하는 변수들이 지정된 상태에서 분석을 진행한다. 이 점이 탐색적 요인분석과 비교할 때 가장 중요한 다른 점이라고 할 수 있다. 즉 잠재변수들에 대한 관측변수들이 이미 정해진 상태로 모형이 만들어지고, 그 상황하에서 분석이 진행되는 것이며, 요인 수나 추정치에 대한 제약이 가능하다.

이러한 이론적 배경하에 본 연구에서는 경로분석에 들어가기 전에 확인적 요인분석 방법을 통하여 관측변수와 잠재변수 간의 요인부하량(factor loading, λ)을 측정하였다.

1) 분배공정성

분배공정성을 알아보기 위해 5문항을 측정하였다. 확인적 요인분석 결과, 모든 관측변수 항목들이 잠재변수에 대해 좋은 요인 부하량($\lambda > 0.45$)을 보여주고 있다. 다시 말해 본 연구에서 잠재변수를 설명하는 관측변수(observed variable)가 잠재변수를 잘 반영하고 있다고 할 수 있다. 또한 <표 5-4>에서 보는 바와 같이 항목들이 잠재변수에 대해 좋은 요인 부하량을 보여줄 뿐만 아니라 모든 t(비표준화계수 / 표준오차)값이 모두 1.965 이상으로 유의적인 것으로 나타나고 있다.

적합도지수(goodness of fit index: GFI)는 주어진 모형이 전체 자료를 얼마나 잘 설명하는지를 나타내는 지표로서 0.9 이상인 경우 좋은 모형으로 판단할 수 있다. 조정된 적합도지수(adjusted GFI: AGFI)는 자유도에 의해서 GFI를 조정해 준 것을 의미하며, 이 또한 0.9 이상인 경우 좋은 모형으로 판단한다. 평균제곱잔차제곱근(root mean square residual: RMR)은 GFI와는 반대의 개념으로 표본자료를 통하여 모형이 설명할 수 없는 분산 / 공분산의 크기를 나타낸다. 일반적으로 0.05 이하면 양호한 것으로 볼 수 있으며, 0에 가까울수록 좋은 모형이라고 할 수 있다. 한편, CFI(comparative fit index)는 증분 적합도지수를 설명하는데 0과 1 사이의 값을 가지며 .90 이상이면 적합도를 수용할 수 있다. RMSEA(root mean square error of approximation)는 χ^2 통계량의 문제점을 보안하기 위하여 개발된 적합도지수이다. 분배 공정성의 확인적 요인분석 모형의 모형적합도를 보면, χ^2(df=5)=16.13(p=0.06)이며, GFI=.977, AGFI=.932, CFI=.984, RMR=.018, RMSEA=.088 등 높은 적합도를 보여주고 있다.

<표 5-4> 분배공정성의 확인적 요인분석 결과

경 로	비표준화계수	표준오차	t-value	p	요인부하량
A5 ◀── 분배공정성	.705	.065	10.899	.000	.612
A4 ◀── 분배공정성	.808	.063	12.891	.000	.700
A3 ◀── 분배공정성	.905	.065	13.927	.000	.742
A2 ◀── 분배공정성	1.162	.065	17.836	.000	.910
A1 ◀── 분배공정성	1.000	Fix	–	–	.827

2) 절차공정성

구조방정식모형의 일부인 확인적 요인분석에서 각 측정변수는 측정변인 중 한 개를 Lambda 1로 고정하여 다른 변인과 비교하였고, 절차공정성의 경우도 변인 A6을 고정하여 다른 변인과 비교하였다. 본 연구에서 잠재변수를 설명하는 관측변수가 잠재변수를 잘 반영하고 있다고 말할 수 있겠다. 또한 항목들이 잠재변수에 대해 높은 요인 부하량을 보여줄 뿐만 아니라 모든 t값이 모두 1.965 이상으로 유의적인 것으로 나타나고 있다. 절차공정성의 확인적 요인분석 모형의 모형적합도를 보면, $\chi^2(df=5)=143.35(p=0.000)$이며, GFI=.835, AGFI=.505, CFI=.817, RMR=.049, RMSEA=.311 등 적합도를 보여주고 있다. 조정된적합지수인 AGFI가 해석기준보다는 적지만 GFI≥AGFI의 등식이 성립되어 적합도를 판단하는 데 지장이 없다.

〈표 5-5〉 절차공정성의 확인적 요인분석 결과

경　로	비표준화계수	표준오차	t-value	p	요인부하량
A10 ◀— 절차공정성	.980	.094	10.450	.000	.730
A9 ◀— 절차공정성	.969	.095	10.163	.000	.706
A8 ◀— 절차공정성	1.294	.112	11.541	.000	.838
A7 ◀— 절차공정성	1.220	.108	11.270	.000	.807
A6 ◀— 절차공정성	1.000	Fix	-	-	.656

3) 조직지원인식

조직지원인식의 확인적 요인분석 결과는 <표 5-6>에서와 같이 측정변인의 표준화된 경로계수들이 .68-.85로 측정되어 개념구성도가 높은 것으로 나타났다. 또한 항목들이 잠재변수에 대해 높은 요인 부하량을 보여줄 뿐만 아니라 모든 t값이 모두 1.965 이상으로 유의적인 것으로 나타나고 있다. 조직지원인식의 확인적 요인분석 모형의 적합도를 보면, χ^2(df=5)=1.37(p=0.933)이며, GFI=.998, AGFI=.995, CFI=1.000, RMR=.005, RMSEA=.000 등 높은 적합도를 보여주고 있다.

〈표 5-6〉 조직지원인식의 확인적 요인분석 결과

경　로	비표준화계수	표준오차	t-value	p	요인부하량
A15 ◀— 조직지원인식	1.243	.100	12.414	.000	.836
A14 ◀— 조직지원인식	1.289	.106	12.206	.000	.818
A13 ◀— 조직지원인식	1.343	.107	12.587	.000	.851
A12 ◀— 조직지원인식	1.345	.121	11.138	.000	.735
A11 ◀— 조직지원인식	1.000	Fix	-	-	.679

4) 정서적 몰입

정서적 몰입의 확인적 요인분석 결과, 각 측정변인들이 하위개념을 잘 설명하고 있는 것으로 나타났다. 또한 측정변인들이 잠재변수에 대해 높은 요인 부하량을 보여줄 뿐만 아니라 모든 t값이 모두 1.965 이상으로 유의적인 것으로 나타나고 있다. 정서적 몰입의 확인적 요인분석 모형의 모형적합도를 보면, $\chi^2(df=5)=7.339(p=0.197)$ 이며, GFI=.990, AGFI=.970, CFI=.966, RMR=.011, RMSEA=.040 등 높은 적합도를 보여주고 있다.

⟨표 5-7⟩ 정서적 몰입의 확인적 요인분석 결과

경 로		비표준화계수	표준오차	t - value	p	요인부하량
B1 ◄──	정서몰입.	.987	.084	11.761	.000	.783
B2 ◄──	정서몰입.	.873	.085	10.280	.000	.673
B3 ◄──	정서몰입.	1.013	.090	11.273	.000	.746
B4 ◄──	정서몰입.	1.152	.093	12.339	.000	.834
B5 ◄──	정서몰입.	1.000	Fix	–	–	.697

5) 지속적 몰입

각 측정변인이 지속적 몰입을 설명하는 경로계수는 하위개념을 잘 설명하고 있으며, 또한 측정변인들이 잠재변수에 대해 높은 요인 부하량을 보여줄 뿐만 아니라 모든 t값이 모두 1.965 이상으로 유의적인 것으로 나타나고 있다. 지속적 몰입의 확인적 요인분석 모형의 적합도를 살펴보면, $\chi^2(df=5)=12.31(p=0.031)$이며, GFI=.984, AGFI=.952, CFI=.989, RMR=.016, RMSEA=.072 등 높은 적합도를 보여주고 있다.

<표 5-8> 지속적 몰입의 확인적 요인분석 결과

경 로	비표준화계수	표준오차	t-value	p	요인부하량
B6 ◄── 지속적 몰입	1.023	.070	14.566	.000	.829
B7 ◄── 지속적 몰입	.864	.072	12.029	.000	.700
B8 ◄── 지속적 몰입	.737	.066	11.083	.000	.652
B9 ◄── 지속적 몰입	1.133	.078	14.572	.000	.830
B10 ◄── 지속적 몰입	1.000	Fix	–	–	.786

6) 조직시민행동

조직시민행동을 알아보기 위하여 총 21문항이 측정되었다. 모든 관측변수 항목들이 잠재변수에 대해 높은 요인 부하량($\lambda > 0.45$)을 나타내고 있다. 다시 말해 본 연구에서 잠재변수를 설명하는 관측변수(observed variable)가 잠재변수를 잘 반영하고 있다고 말할 수 있다. 또한 항목들이 잠재변수에 대해 높은 요인 부하량을 보여줄 뿐만 아니라 모든 t값이 모두 1.965 이상으로 유의적인 것으로 나타나고 있다. 조직시민행동의 확인적 요인분석 모형의 모형적합도를 보면, χ^2(df = 189) = 478.91(p = 0.00)이며, GFI = .858, AGFI = .824, CFI = .920, RMR = .031, RMSEA = .074 등 높은 적합도를 보여주고 있다.

〈표 5-9〉조직시민행동의 확인적 요인분석 결과

경 로		비표준화계수	표준오차	t-value	p	요인부하량
B11 ◄── 충성행동.		.878	.095	9.263	.000	.597
B12 ◄── 충성행동.		.948	.113	8.361	.000	.536
B13 ◄── 충성행동.		1.179	.101	11.713	.000	.773
B14 ◄── 충성행동.		1.148	.100	11.532	.000	.760
B15 ◄── 충성행동.		1.175	.107	10.943	.000	.716
B16 ◄── 충성행동.		.841	.094	8.958	.000	.576
B17 ◄── 충성행동.		1.000	Fix	–	–	.684
B18 ◄── 복종행동.		.951	.065	14.685	.000	.778
B19 ◄── 복종행동.		1.031	.069	15.058	.000	.793
B20 ◄── 복종행동.		1.087	.068	16.069	.000	.832
B21 ◄── 복종행동.		.841	.067	12.472	.000	.685
B22 ◄── 복종행동.		1.071	.067	15.950	.000	.827
B23 ◄── 복종행동.		1.003	.061	16.425	.000	.845
B24 ◄── 복종행동.		1.000	Fix	–	–	.798
B25 ◄── 참여행동.		1.265	.119	10.645	.000	.752
B26 ◄── 참여행동.		1.352	.128	10.543	.000	.742
B27 ◄── 참여행동.		1.330	.125	10.631	.000	.751
B28 ◄── 참여행동.		1.141	.113	10.126	.000	.705
B29 ◄── 참여행동.		1.252	.118	10.576	.000	.746
B30 ◄── 참여행동.		1.290	.120	10.767	.000	.763
B31 ◄── 참여행동.		1.000	Fix	–	–	.633

(3) 변수들 간의 상관관계 분석

가설 검증에 앞서 본 연구에서는 분석에 사용된 모든 변수들 간의 상관관계를 알아보았다. 주로 상관관계 수치가 .2−.4이면 낮은 상관관계이고, .4 이상이면 높은 상관관계로 볼 수 있다(채서일, 1997). 또한 각 구성개념들에 대한 판별타당성을 측정하였다. 판별타당성 측정을 위해서는 구성개념 간 상관관계를 보여주는 φ계수의 신뢰구간 [φ±(2×표준오차)]에 1.0이 포함되지 않아야 한다(Anderson and Gerbing 1988). 상관관계표를 기준으로 계산한 결과 모든 상관계수의 신뢰구간이 1.0을 포함하지 않는 것으로 나타나 구성 개념들 간에 판별타당성이 존재하는 것으로 나타났다.

〈표 5-10〉 각 구성개념 간의 평균, 표준편차 및 상관관계 행렬

	평 균	표준편차	1	2	3	4	5	6
1.분배공정성	2.994	.682	1					
2.절차공정성	3.037	.642	.668**	1				
3.정서적 몰입	3.206	.658	.376**	.509**	1			
4.지속적 몰입	2.978	.712	.420**	.496**	.810**	1		
5.조직지원인식	3.282	.646	.568**	.662**	.576**	.479**	1	
6.조직시민행동	3.470	.531	.366**	.470**	.675**	.537**	.665**	1

* 모든 변수들 간의 상관관계 계수는 p〈0.01 임(양측검정).

<표 5-10>에서 보는 바와 같이 분배공정성과 절차공정성 간의 관계는 r=.668이었다. 분배공정성과 정서적 몰입은 r=.376이고, 분배공정성과 지속 적몰입은 r=.420이며 분배공정성과 조직지원인식은 r=.568이고 분배공정성과 조직시민행동은 r=.366으로 나타났다. 절차공정성과 정서적 몰입은 r=.509, 절차공정성과 지속적 몰입은 r=.496, 절차공정성과 조직지원인식은 r=.662, 절차공정성과 조직시민행동은 r=.470, 정서적 몰입과 지속적 몰입은 r=.810, 정서적 몰입

과 조직지원인식은 r=.576, 정서적 몰입과 조직시민행동은 r=.675, 지속적 몰입과 조직지원인식은 r=.479, 지속적 몰입과 조직시민행동은 r=.537, 조직지원인식과 조직시민행동은 r=.665로 비교적 높은 상관관계를 갖는 것으로 나타났다.

2. 가설의 검증

구조방정식모형의 주요 특징은 잠재변수모형(구조방정식)에 의해 잠재변수가 다른 잠재변수에 미치는 효과는 물론 측정모형(측정방정식)에 의해 잠재변수가 관측변수에 미치는 효과도 분석할 수 있다는 점이다(조현철, 2003). 구조방정식 모형(structural equation modeling, SEM)은 구조모형(structural model), 측정모형(measurement model)로 구성되어 있다. 구조모형의 경우 잠재변수(latent variable) 간의 인과관계를 나타내는 반면, 측정모형의 경우 잠재변수와 이를 측정해 주는 관측변수 (observed variable) 간의 관계를 나타내는 모형이라고 할 수 있다.

구조방정식모형의 유용성은 다음과 같다.

첫째, 다수의 독립변수(외생변수)와 다수의 종속변수(내생변수) 간 관계뿐만 아니라, 종속변수 간의 인과관계를 동시에 분석할 수 있다.

둘째, 일반적인 회귀분석을 포함한 다변량 분석의 경우, 모형에 있는 독립변수의 측정오차는 무시되어 왔지만, 구조방정식모형의 경우 독립변수 및 종속변수에 대해 측정오차를 포함시키고 있다.

셋째, 모델 내에 있는 변수 간 직접효과(direct effect) 및 간접효과

(indirect effect)를 알 수 있다.

넷째, 다른 통계기법에서 사용하지 않는 잠재변수에 대한 사용이다. 잠재변수는 그 자체로는 직접적인 측정이 불가능하지만 잠재변수와 연결되어 있는 관측변수를 통해서 관측이 가능한 변수를 의미한다. 이러한 특성을 이용하여 확인적 요인분석을 실행할 수 있으며, 또한 잠재변수 간 관계를 파악할 수 있다.

넷째, 다양한 모형 표현 기법(쌍방향인과관계, 순환적 인과관계, 제약 모수)을 사용함으로써 다른 분석 기법에 비해 많은 결과를 도출할 수 있다. 또한 회귀분석, 요인분석 및 상관분석에 이르는 다양한 통계 기법을 하위 모형으로 포함하여 복잡한 변수들의 관계를 한 번에 파악할 수 있다.

따라서 본 연구에서 설정한 가설 검증에 있어서는 다수의 독립변수 및 종속변수들 간의 인과관계를 알아보기 위한 모형이므로 모형의 경로들을 검증하기 위하여 구조방정식모형이 실시되었다. 모형과 가설을 검증하는 데 사용된 유효한 표본의 수는 영리조직이 180개, 비영리조직이 107개로 모두 287개이며, 계수추정을 위해서 구조방정식모형에서 모수치(parameter)를 추정하는 가장 보편적인 방법인 최대우도법(maximum likelihood)을 이용하여 가설로 설정한 경로들의 유의성을 살펴보았다.

전체적인 모형의 적합도를 평가하기 위한 χ^2 통계량, χ^2에 대한 유의확률, GFI, AGFI, CFI, RESEA 등의 기준을 이용한 결과 전체모형의 경우 $\chi^2(df=9)=41.15(p=.018)$이며, GFI=.966, AGFI=.866, CFI=.980, RMSEA=.112, RMR=.012 등 모형 적합도를 보여주고 있다. 그리고 외생변수와 내생변수들 간 인과관계를 통한 구성개념 간의 설명력을 살펴본 결과 조직지원인식의 경우 외생변수들에 의해서 47%가 설명되는 것으로 나타났으며, 정서적 몰입의 경우 36%, 지속적 몰입의 경우 29%, 조직시민행동의 경우 67%가 설명되는 것으로 나타났다.

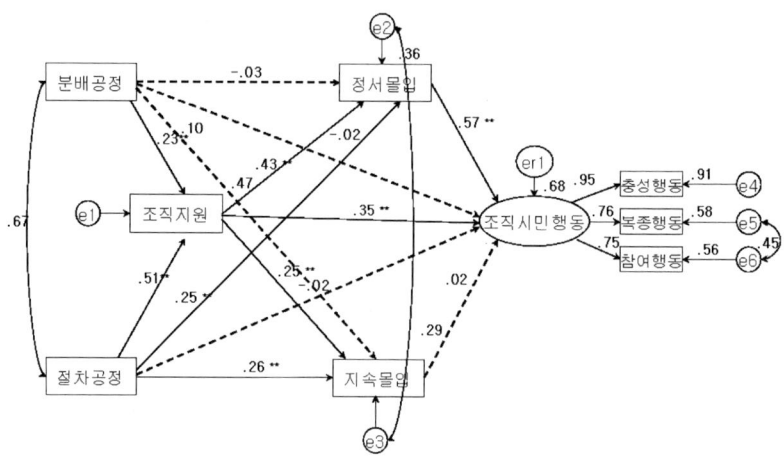

실선: 채택(유의적인 관계), 점선: 기각(비유의적인 관계), * p<0.05, ** p<0.01

〈그림 5-1〉 전체 경로모형 검증 결과

(1) 표본 전체에 대한 가설 검증

아래 <표 5-11>을 기준으로 다음과 같이 가설검증의 결과를 정리할 수 있다.

가설1: 공정성은 조직지원인식에 정의 영향을 미칠 것이다.

H1-1: "분배공정성은 조직지원인식에 정의 영향을 미칠 것이다"는 ϒ(표준화계수)=.228, t-value(CR)=3.925(p<0.05)로서 t-value≥1.965에 유의적이므로 가설이 채택되었다.

H1-2: "절차공정성은 조직지원인식에 정의 영향을 미칠 것이다"는 ϒ(표준화계수)=.510, t-value(CR)=8.782(p<0.05)로서 t-value≥1.965에 유의적이므로 가설이 채택되었다.

가설2: 공정성은 조직몰입에 정의 영향을 미칠 것이다.

H2-1: "분배공정성은 정서적 몰입에 정의 영향을 미칠 것이다"는 ϒ(표준화계수)=-.034, t-value(CR)=-.523(p<0.05)로서 t-value≥1.965에 무의미하므로 가설이 기각되었다.

H2-2: "분배공정성은 지속적 몰입에 정의 영향을 미칠 것이다"는 ϒ(표준화계수)=.104, t-value(CR)=1.518(p<0.05)로서 t-value≥1.965에 무의미하므로 가설이 기각되었다.

H2-3: "절차공정성은 정서적 몰입에 정의 영향을 미칠 것이다"는 ϒ(표준화계수)=.245, t-value(CR)=3.432(p>0.05)로서 t-value≥1.965에 유의적이므로 가설이 채택되었다.

H2-4: "절차공정성은 지속적 몰입에 정의 영향을 미칠 것이다"는

γ (표준화계수)=.264, t-value(CR)=3.511(p<0.05)로서 t-value≥1.965
에 유의적이므로 가설이 채택되었다.

가설3: 공정성은 조직시민행동에 정의 영향을 미칠 것이다.

H3-1: "분배공정성은 조직시민행동에 정의 영향을 미칠 것이다"
는 γ(표준화계수)=-.018, t-value(CR)=-.332(p<0.05)로서 t-value≥
1.965에 무의미하므로 가설이 기각되었다.

H3-2: "절차공정성은 조직시민행동에 정의 영향을 미칠 것이다"
는 γ(표준화계수)=-.020, t-value(CR)=-.337(p<0.05)로서 t-value≥
1.965에 무의미하므로 가설이 기각되었다.

가설4: 조직지원인식은 조직몰입에 정의 영향을 미칠 것이다.

H4-1: "조직지원인식은 정서적 몰입에 정의 영향을 미칠 것이다"
는 γ(표준화계수)=.433, t-value(CR)=6.689(p<0.05)로서 t-value≥
1.965에 유의적이므로 가설이 채택되었다.

H4-2: "조직지원인식은 지속적 몰입에 정의 영향을 미칠 것이다"
는 γ(표준화계수)=.245, t-value(CR)=3.606(p<0.05)로서 t-value≥
1.965에 유의적이므로 가설이 채택되었다.

ϒ(표준화계수)=.353, t-value(CR)=6.315(p>0.05)로서 t-value≥1.965
에 유의적이므로 가설이 채택되었다.

H6-1: "정서적 몰입은 조직시민행동에 정의 영향을 미칠 것이다"
는 ϒ(표준화계수)=.569, t-value(CR)=8.120(p<0.05)로서 t-value≥
1.965에 유의적이므로 가설이 채택되었다.

H6-2: "지속적 몰입은 조직시민행동에 정의 영향을 미칠 것이다"
는 ϒ(표준화계수)=.024, t-value(CR)=.369(p<0.05)로서 t-value≥1.965
에 무의미하므로 가설이 기각되었다.

〈표 5-11〉 연구모형 경로계수

경 로			비표준화 계수	표준 오차	t-value	p	표준화 계수	가설 검증
분배공정	◄──	조직지원	.216	.055	3.925	.000	.228	채택
절차공정	◄──	조직지원	.513	.058	8.782	.000	.510	채택
분배공정	◄──	정서몰입	-.033	.063	-.523	.601	-.034	기각
분배공정	◄──	지속몰입	.109	.072	1.518	.129	.104	기각
절차공정	◄──	정서몰입	.252	.073	3.432	.000	.245	채택
절차공정	◄──	지속몰입	.293	.083	3.511	.000	.264	채택

경 로	비표준화 계수	표준 오차	t-value	p	표준화 계수	가설 검증
분배공정 ◀── 조직시민행동	-.014	.044	-.332	.740	-.018	기각
절차공정 ◀── 조직시민행동	-.017	.051	-.337	.736	-.020	기각
조직지원 ◀── 정서몰입	.441	.066	6.689	.000	.433	**채택**
조직지원 ◀── 지속몰입	.270	.075	3.606	.000	.245	**채택**
조직지원 ◀── 조직시민행동	.308	.049	6.315	.000	.353	**채택**
정서몰입 ◀── 조직시민행동	.487	.060	8.120	.000	.569	**채택**
지속몰입 ◀── 조직시민행동	.019	.053	.369	.712	.024	기각

(2) 영리조직과 비영리조직의 가설 검증 비교

본 연구는 영리조직과 비영리조직 간 구성원의 공정성 지각이 조직지원인식과 조직몰입, 그리고 조직시민행동에 미치는 영향을 분석하여 그 차이를 비교하는 데 목적이 있으므로 두 조직의 구성원 간의 차이 분석을 실시하였다.

우선 영리조직 연구모형의 모형 적합도를 살펴보면 $\chi^2(df=9)=$ 24.41(p=.004)이며, GFI=.968, AGFI=.874, CFI=.984, RMSEA=.098, RMR=.010로 나타났다. 또한 비영리조직의 연구모형 적합도를 살펴보면, $\chi^2(df=9)=15.11(p=.088)$이며, GFI=.967, AGFI=.870, CFI=.989, RMSEA=.080, RMR=.010로 나타났다. 여러 적합지수를 고려해 볼 때 본 분석 모형은 가설검증 및 인과모형을 설명하는 데 적합한 것으로 볼 수 있다.

1) 영리조직의 가설 검증

가) 가설 채택 검증

본 연구모형에서 도출한 가설을 t-value로 검증하였다. t-value는 연구모형의 외생변수와 내생변수 간의 관계와 매개 내생변수와 내생변수 간의 관계에 대한 통합개념으로써 경로계수의 통계적인 유의성 검증지수이다. AMOS에서는 이를 critical ration(CR) 값으로 나타낸다. CR은 대체로 유의수준 95%(0.05)에서 CR 값이 1.96을 넘으면 경로계수가 0이라는 귀무가설을 기각하여 두 변수 사이에 인과관계가 있는 것으로 판단한다.

> 가설1: 공정성은 조직지원인식에 정의 영향을 미칠 것이다.

H1-1: "분배공정성은 조직지원인식에 정의 영향을 미칠 것이다"는 ϒ(표준화계수)=.347. t-value(CR)=4.331(p<0.05)로서 t-value≥1.965에서 유의적이므로 가설이 채택 되었다.

H1-2: "절차공정성은 조직지원인식에 정의 영향을 미칠 것이다"는 ϒ(표준화계수)=.372, t-value(CR)=4.641(p<0.05)로서 t-value≥1.965에서 유의적이므로 가설이 채택되었다.

> 가설2: 공정성은 조직몰입에 정의 영향을 미칠 것이다.

H2-1: "분배공정성은 정서적 몰입에 정의 영향을 미칠 것이다"는 Υ(표준화계수)=.243, t-value(CR)=2.745(p<0.05)로서 t-value≥1.965에서 유의적이므로 가설이 채택되었다.

H2-2: "분배공정성은 지속적 몰입에 정의 영향을 미칠 것이다"는 Υ(표준화계수)=.284, t-value(CR)=3.113(p<0.05)로서 t-value≥1.965에서 유의적이므로 가설이 채택되었다.

H2-3: "절차적공정성은 정서적 몰입에 정의 영향을 미칠 것이다"는 Υ(표준화계수)=.142, t-value(CR)=1.599(p<0.05)로서 t-value≥1.965에서 무의미하므로 가설이 기각되었다.

H2-4: "절차공정성은 지속적 몰입에 정의 영향을 미칠 것이다"는 Υ(표준화계수)=.275, t-value(CR)=2.994(p<0.05)로서 t-value≥1.965에 유의적이므로 가설이 채택되었다.

가설3: 공정성은 조직시민행동에 정의 영향을 미칠 것이다.

H3-1: "분배공정성은 조직시민행동에 정의 영향을 미칠 것이다"는 Υ(표준화계수)=-.017, t-value(CR)=-.215(p<0.05)로서 t-value≥1.965에 무의미하므로 가설이 기각되었다.

H3-2: "절차공정성은 조직시민행동에 정의 영향을 미칠 것이다"는 Υ(표준화계수)=.004, t-value(CR)=.052(p<0.05)로서 t-value≥

1.965에서 무의미하므로 가설이 기각되었다.

가설4: 조직지원인식은 조직몰입에 정의 영향을 미칠 것이다.

H4-1: "조직지원인식은 정서적 몰입에 정의 영향을 미칠 것이다"
는 Υ(표준화계수)=.323, t-value(CR)=4.109(p<0.05)로서 t-value$\geq$
1.965에서 유의적이므로 가설이 채택되었다.

H4-2: "조직지원인식은 지속적 몰입에 정의 영향을 미칠 것이다"
는 Υ(표준화계수)=.098, t-value(CR)=1.207(p<0.05)로서 t-value$\geq$
1.965에서 무의미하므로 가설이 기각되었다.

가설5: 조직지원인식은 조직시민행동에 정의 영향을 미칠 것이다.

Υ (표준화계수)=.577, t-value(CR)=7.769(p<0.05)로서 t-value$\geq$
1.965에서 유의적이므로 가설이 채택되었다.

가설6: 조직몰입은 조직시민행동에 정의 영향을 미칠 것이다.

H6-1: "정서적 몰입은 조직시민행동에 정의 영향을 미칠 것이다"
는 Υ(표준화계수)=.373, t-value(CR)=4.404(p<0.05)로서 t-value$\geq$
1.965에서 유의적이므로 가설이 채택되었다.

H6-2: "지속적 몰입은 조직시민행동에 정의 영향을 미칠 것이다"
는 ϒ(표준화계수)=.005, t-value(CR)=.066(p<0.05)로서 t-value≥
1.965에서 무의미하므로 가설이 기각되었다.

〈표 5-12〉 영리조직의 경로계수와 가설검증

경 로		비표준화 계수	표준 오차	t-value	p	표준화 계수	가설 검증
분배공정 ◀—	조직지원	.309	.071	4.331	.000	.347	채택
절차공정 ◀—	조직지원	.367	.079	4.641	.000	.372	채택
분배공정 ◀—	정서몰입	.204	.074	2,745	.006	.243	채택
분배공정 ◀—	지속몰입	.264	.085	3.113	.002	.284	채택
절차공정 ◀—	정서몰입	.133	.083	1.599	.110	.142	기각
절차공정 ◀—	지속몰입	.284	.095	2.994	.003	.275	채택
분배공정 ◀—	조직시민행동	-.012	.055	-.215	.830	-.017	기각
절차공정 ◀—	조직시민행동	.003	.061	.052	.959	.004	기각
조직지원 ◀—	정서몰입	.305	.074	4.109	.000	.323	채택
조직지원 ◀—	지속몰입	.102	.085	1.207	.228	.098	기각
조직지원 ◀—	조직시민행동	.460	.059	7.769	.000	.577	채택
정서몰입 ◀—	조직시민행동	.315	.071	4.404	.000	.373	채택
지속몰입 ◀—	조직시민행동	.004	.062	.066	.947	.005	기각

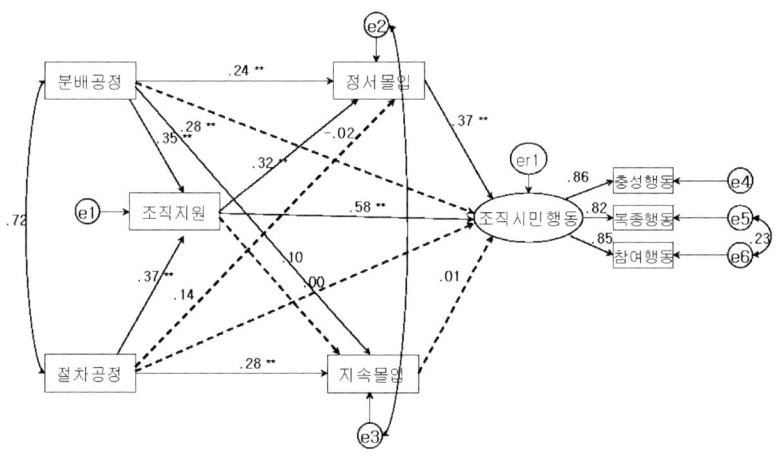

실선: 채택(유의적인 관계), 점선: 기각(비유의적인 관계). * $p<0.05$, ** $p<0.01$

〈그림 5-2〉 영리조직의 경로모형

나) 총효과와 직접 및 간접효과

본 연구모델은 외생변수인 분배공정성, 절차공정성이 내생변수인 조직지원, 정서적 몰입, 지속적 몰입, 조직시민행동에 영향을 미치고, 다시 조직지원이 정서적 몰입과, 지속적 몰입, 조직시민행동에 영향을 미치며, 정서적 몰입, 지속적 몰입이 조직시민행동에 영향을 주는 모형이다. 이러한 연구모형을 바탕으로 분배공정성, 절차공정성, 조직지원인식, 조직몰입 등이 조직시민행동에 미치는 관계에 대한 총효과와 직접효과 및 간접효과에 대해서 알아보았다.

경로분석의 가장 큰 장점 중 하나는 회귀분석 및 중회귀 분석에서 구할 수 없는 직접효과, 간접효과 및 총효과를 구할 수 있는 점이라고 할 수 있다. 직접효과는 독립변수가 종속변수에 직접적으로 영향을 미치는 것을 나타낸다. 간접효과는 독립변수가 하나 이상의 매개변수를 통하여 종속변수에 영향을 미치는 것을 의미한다. 다시 말해서 독립변수가 매개변수를 거쳐 종속변수에 미치는 영향을 나타낸다.

〈표 5-13〉 총효과와 직접 및 간접효과

경 로	총효과	직접효과	간접효과
분배공정성 ──▶ 조직시민행동	.317	-.017	**.334**
절차공정성 ──▶ 조직시민행동	.318	.004	**.314**
조직지원 ──▶ 조직시민행동	.698	**.577**	.121
정서몰입 ──▶ 조직시민행동	.373	.373	-
지속몰입 ──▶ 조직시민행동	.005	.005	-

<표 5-13>과 같이 선행요인들이 조직시민행동에 대해 통계적으로 직접적인 영향을 보이지 않았으나 다른 선행변수를 거치면서 간접적인 영향을 나타내는 것을 알 수 있다. 영리조직에서는 분배공정성 → 조직시민행동, 절차공정성 → 조직시민행동에 간접효과가 더 높았으며, 조직지원 → 조직시민행동은 직접효과가 높게 나타났다. 정서적 몰입과 지속적 몰입은 조직시민행동에 선행변수를 거치지 않아서 직접적인 영향만을 미치며, 분배공정성과 절차공정성이 조직시민행동에 직접적인 영향을 미치지는 않지만 조직몰입이라는 매개변수를 통해서 조직시민행동에 간접적인 영향을 강하게 미치고 있음을 알수 있다. 또 조직지원인식은 조직시민행동에 직접적인 영향을 미치고 있었다.

2) 비영리조직의 가설검증

가) 비영리조직의 가설 검증

비영리조직의 가설검증에 있어서도 본 연구모형에서 도출한 가설을 t-value로 검증해 보았다. 영리조직의 가설검증에서 설명한 바와 같이 t값은 연구모델의 외생변수와 내생변수 간의 관계와 매개 내생변수와 내생변수 간의 관계에 대한 통합개념으로써 경로계수의 통계적인 유의성 검증지수로 AMOS에서는 이를 Critical Ration(CR) 값으로 나타낸다. CR은 대체로 유의수준 95%(0.05)에서 CR 값이 1.96을 넘으면, 경로계수가 0이라는 귀무가설을 기각하여 두 변수 사이에 인과관계가 있는 것으로 판단한다.

가설1: 공정성은 조직지원인식에 정의 영향을 미칠 것이다.

H1-1: "분배공정성은 조직지원인식에 정의 영향을 미칠 것이다"는 Υ(표준화계수)=.149. t-value(CR)=1.623(p<0.05)로서 t-value ≥ 1.965에서 무의미하므로 가설이 기각되었다.

H1-2: "절차공정성은 조직지원인식에 정의 영향을 미칠 것이다"는 Υ(표준화계수)=.600. t-value(CR)=6.550(p<0.05)로서 t-value ≥ 1.965에서 유의적이므로 가설이 채택되었다.

가설2: 공정성은 조직몰입에 정의 영향을 미칠 것이다.

H2-1: "분배공정성은 정서적 몰입에 정의 영향을 미칠 것이다"는 ϒ(표준화계수)=-.029, t-value(CR)=-.278(p<0.05)로서 t-value≥1.965에서 무의미하므로 가설이 기각되었다.

H2-2: "분배공정성은 지속적 몰입에 정의 영향을 미칠 것이다"는 ϒ(표준화계수)=.241, t-value(CR)=2.213(p<0.05)로서 t-value≥1.965에서 유의적이므로 가설이 채택되었다.

H2-3: "절차공정성은 정서적 몰입에 정의 영향을 미칠 것이다"는 ϒ(표준화계수)=.088, t-value(CR)=.732(p<0.05)로서 t-value≥1.965에서 무의미하므로 가설이 기각되었다.

H2-4: "절차공정성은 지속적 몰입에 정의 영향을 미칠 것이다"는 ϒ(표준화계수)=-.047, t-value(CR)=-.366(p<0.05)로서 t-value≥1.965에 무의미하므로 기각되었다.

> 가설3: 공정성은 조직시민행동에 정의 영향을 미칠 것이다.

H3-1: "분배공정성은 조직시민행동에 정의 영향을 미칠 것이다"는 ϒ(표준화계수)=.092, t-value(CR)=1.201(p<0.05)로서 t-value≥1.965에 무의미하므로 가설이 기각되었다.

H3-2: "절차공정성은 조직시민행동에 정의 영향을 미칠 것이다"

는 ϒ(표준화계수)＝－.123, t－value(CR)＝－1.426(p＜0.05)로서 t－value
≥1.965에 무의미하므로 가설이 기각되었다.

가설4: 조직지원인식은 조직몰입에 정의 영향을 미칠 것이다.

H4－1: "조직지원인식은 정서적 몰입에 정의 영향을 미칠 것이다"
는 ϒ(표준화계수)＝.576, t－value(CR)＝5.355(p＜0.05)로서 t－value≥
1.965에서 유의적이므로 가설이 채택되었다.

H4－2: "조직지원인식은 지속적 몰입에 정의 영향을 미칠 것이다"
는 ϒ(표준화계수)＝.429, t－value(CR)＝3.771(p＜0.05)로서 t－value≥
1.965에서 유의적이므로 가설이 채택되었다.

가설5: 조직지원인식은 조직시민행동에 정의 영향을 미칠 것이다.

H5: "조직지원인식은 조직시민행동에 정의 영향을 미칠 것이다."
는 ϒ(표준화계수)＝.258, t－value(CR)＝3.006(p＜0.05)로서 t－value≥
1.965에서 유의적이므로 가설이 채택되었다.

가설6: 조직몰입은 조직시민행동에 정의 영향을 미칠 것이다.

H6－1: "정서적 몰입은 조직시민행동에 정의 영향을 미칠 것이다"

는 Υ(표준화계수)=.676, t-value(CR)=6.818(p<0.05)로서 t-value≥ 1.965에서 유의적이므로 가설이 채택되었다.

H6-2: "지속적 몰입은 조직시민행동에 정의 영향을 미칠 것이다" 는 Υ(표준화계수)=-.067, t-value(CR)=-.716(p<0.05)로서 t-value ≥1.965에서 무의미하므로 가설이 기각되었다.

〈표 5-14〉 비영리조직의 경로계수와 가설 검증

경 로		비표준화 계수	표준 오차	t-value	p	표준화 계수	가설 검증
분배공정 ◀──	조직지원	.151	.093	1.623	.105	.149	기각
절차공정 ◀──	조직지원	.626	.096	6.550	.000	.600	**채택**
분배공정 ◀──	정서몰입	-.027	.097	-.278	.781	-.029	기각
분배공정 ◀──	지속몰입	.243	.110	2.213	.027	.241	**채택**
절차공정 ◀──	정서몰입	.085	.117	.732	.464	.088	기각
절차공정 ◀──	지속몰입	-.048	.132	-.366	.714	-.047	기각
분배공정 ◀──	조직시민행동	.076	.063	1.201	.230	.092	기각
절차공정 ◀──	조직시민행동	-.103	.072	-1.426	.154	-.123	기각
조직지원 ◀──	정서몰입	.536	.100	5.355	.000	.576	**채택**
조직지원 ◀──	지속몰입	.425	.113	3.771	.000	.429	**채택**
조직지원 ◀──	조직시민행동	.209	.069	3.006	.003	.258	**채택**
정서몰입 ◀──	조직시민행동	.586	.086	6.818	.000	.676	**채택**
지속몰입 ◀──	조직시민행동	-.054	.076	-.716	.474	-.067	기각

나) 총효과와 직접 및 간접효과

<표 5-15>와 같이 비영리조직에서는 분배공정성 → 조직시민행동 의 직접효과가 높았으며, 절차공정성 → 조직시민행동, 조직지원 → 조

직시민행동이 간접효과가 더 높았다. 분배공정성은 조직시민행동에 직접적인 영향을 주고 있지만, 절차공정성과 조직지원인식은 조직시민행동에 직접적인 영향보다는 조직몰입을 통해서 간접적으로 더 강하게 영향을 미치고 있다. 조직몰입은 선행변수를 거치지 않으므로 직접효과만 나타났다.

〈표 5-15〉 총효과와 직접효과 및 간접효과

경 로	총효과	직접효과	간접효과
분배공정성 ──→ 조직시민행동	.149	**.092**	.057
절차공정성 ──→ 조직시민행동	.311	-.123	**.434**
조직지원 ──→ 조직시민행동	.618	.258	**.360**
정서몰입 ──→ 조직시민행동	.676	.676	-
지속몰입 ──→ 조직시민행동	-.067	-.067	-

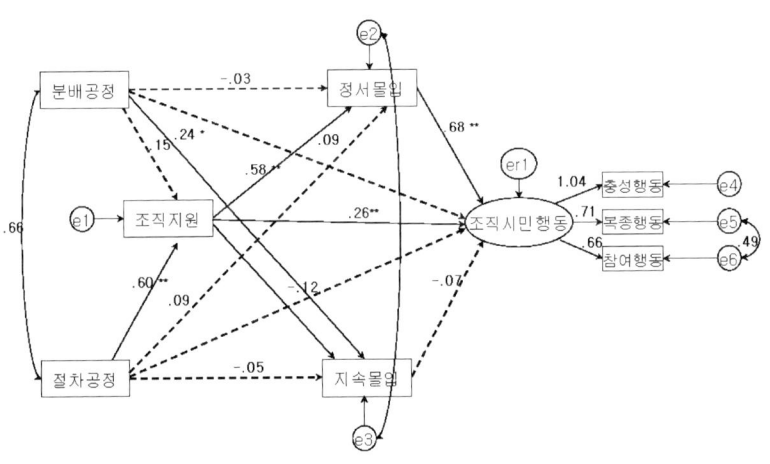

실선: 채택(유의적인 관계), 점선: 기각(비유의적인 관계), * p<0.05, ** p<0.01

〈그림 5-3〉 비영리조직의 경로모형

(3) 가설검증 결과의 논의와 시사점

본 연구는 조직시민행동에 대한 선행 연구들이 주로 영리조직에
관심의 초점을 맞추어 진행되어 왔고, 비영리조직의 조직시민행동에
대한 연구가 미흡하다는 인식에서 출발하게 되었다. 선행변수들이
영리조직과 비영리조직의 조직시민행동에 영향을 미치는 가설 검증
결과를 정리하면 다음과 같다.

〈표 5-16〉 영리조직과 비영리조직의 가설 채택의 비교

경 로		가설 여부	
		영리조직	비영리조직
분배공정 ⟶	조직지원	**채택**	기각
절차공정 ⟶	조직지원	**채택**	**채택**
분배공정 ⟶	정서몰입	**채택**	기각
분배공정 ⟶	지속몰입	**채택**	**채택**
절차공정 ⟶	정서몰입	기각	기각
절차공정 ⟶	지속몰입	**채택**	기각
분배공정 ⟶	조직시민행동	기각	기각
절차공정 ⟶	조직시민행동	기각	기각
조직지원 ⟶	정서몰입	**채택**	**채택**
조직지원 ⟶	지속몰입	기각	**채택**
조직지원 ⟶	조직시민행동	**채택**	**채택**
정서몰입 ⟶	조직시민행동	**채택**	**채택**
지속몰입 ⟶	조직시민행동	기각	기각

첫째, 조직 내에서의 보상으로 인식될 수 있는 다양한 보상 결정

의 상황에서 조직공정성의 지각은 매우 중요한 역할을 할 수 있다. 분배공정성, 절차공정성이 조직지원인식에 영향을 미칠 것이라는 가설은 영리조직은 모두 채택되었으나 비영리조직에서는 분배공정성이 기각되었다. 특히 비영리조직에서 분배공정성이 조직지원인식에 영향을 미치지 않고 있다는 결과는 분배공정성을 측정하기 위해서는 임금과 같은 외재적 보상뿐만 아니라 칭찬과 인정과 같은 내재적 보상의 공정성도 사용하고 있다는 것이 뜻밖의 결과를 가져왔을 수도 있다. 외재적 보상만을 중요시 여기는 인상을 줄 수 있는 분배적 공정성의 측정에 내재적 보상의 공정성을 측정하는 문항의 존재는 응답자에게 혼란을 야기할 수 있을 것이다. 또한 사회의 소명과 대의에 의해 운영되는 비영리조직이라도 조직구성원이 적절한 보상을 받지 못한다고 지각할 때에는 조직에 대한 몰입을 약화시키거나 또는 불성실한 업무수행으로 이어져 결근 또는 이직 등의 반응이 나타날 수 있다. 그러므로 외형적인 성장 못지않게 조직체계와 조직구성원에 대한 관리를 통해 조직 내부의 효율적인 운영이 필요하다.

둘째, 먼저 각각의 공정성과 조직몰입과의 관계에 관한 가설검증의 결과는 다양하게 나타났다. 분배공정성과 정서적 몰입의 관계를 보면 영리조직은 채택이 되고 비영리조직은 기각이 되었다. 영리조직에서는 조직구성원들이 조직생활의 과정에서 공정한 대우를 받고 있고, 구성원들을 존중해 주고 능력개발을 위해 노력한다고 인식하면 할수록 구성원들은 조직에 대한 애착과 소속감, 감정적인 일체감을 느끼고 있다는 것을 나타낸다. 한편 비영리조직에서는 순수시민단체의 조직이 성과급제나 인사고과에 의한 승진을 행하는 일반조직과는 다르며, 임금 수준이나 업무환경, 복리후생제도 등이 타 조직에 비해 매우 열악한 수준이라는 것을 감안할 때 분배에 대한 공정성의 인식 여부가 직접적인 행동으로 표출되기보다는 조직에 대한 태도로 나타난다는 결과를 제시하고 있다.

또한 분배공정성과 지속적 몰입의 관계에서는 영리조직과 비영리조직 모두 채택되었다. 이는 영리조직과 비영리조직 모두 보상수준과 외재적보상이 상당한 의미가 있는 것으로 생각된다. 그러나 절차공정성과 정서적 몰입의 관계는 모두 기각되었다. 이는 보상에 대한 과정과 질보다는 보상의 양적 측면인 결과가 더 중요하다는 것을 의미한다.

조직구성원들이 정서적 몰입이 강화되면 조직구성원들은 조직에 대한 개인의 신념 및 애착을 가지고 조직을 위해 지대한 노력을 발휘하려는 개인적 의지와 조직 구성원으로 남으려고 할 것이다. 지속적 몰입이 높은 조직은 근무연수가 길고, 이직률과 결근율이 낮아 인력관리의 효율화와 경제적인 측면에서 중요한 역할을 할 것이다.

다음으로 절차공정성과 지속적 몰입의 관계에서는 영리조직에서는 채택되었고 비영리조직에서는 기각되었다. 따라서 영리조직은 조직과의 손익관계에 근거한 경제적·합리적 몰입인 지속적 몰입이 의사결정을 하는 데 있어 이용되는 절차 및 정책들에 대해 절차적공정성과 중요한 관계를 갖고 있다. 비영리조직의 경우 가설이 기각된 것은 조직의 특성상 일관성 있는 기준, 정확한 정보, 절차의 구축과 실제 절차의 집행과정이 영리조직보다는 많이 미흡하기 때문이라고 보여진다. 또한 비영리조직은 조직의 규모가 크지 않으므로 조직 내 보상시스템이 더 투명하고 합리적이어야 한다는 결과를 보여주고 있다.

셋째, 분배공정성과 절차공정성과 조직시민행동과의 관계를 나타내는 가설들은 영리조직과 비영리조직 모두에서 기각되었다. 이러한 결과가 나타난 것은 분배 및 절차공정성이 어떠하냐에 따라 조직시민행동에 직접적인 영향을 미치지는 못하고 조직몰입을 높임으로써 이를 통해 조직시민행동에 영향을 미칠 수 있음을 시사하고 있다.

또한 분배 및 절차공정성에 대한 인식은 개인의 비교준거, 가치관, 욕구, 태도 등에 따라서 상당히 달라지기도 하지만 조직의 공정한 성과평가와 보상체계를 확보하여 승진과 보상을 결정할 때 일방적 결정과 지시보다는 공정한 분배과정과 참여적 관리가 이루어져서 미래 조직의 처우에 대해 기대와 신뢰를 가지게 된다면 즉각적인 보상이 주어지지 않더라도 조직시민행동을 수행하게 될 것이다.

넷째, 조직지원인식과 조직몰입의 관계에 관한 가설들에서 정서적 몰입은 영리조직과 비영리조직 모두에서 채택되었고, 지속적 몰입은 영리조직에서 기각되었다. 구성원들은 조직이 자신들의 공헌을 인정해 주고, 자신들의 복지에 관심을 가지고 있다는 믿음을 가질 때 조직에 협력하고 조직에 대한 충성도가 높아질 뿐만 아니라 조직몰입에도 긍정적인 영향을 준다고 생각하고 있다. 구성원이 조직의 지원에 대한 인식이 높을수록 구성원의 행동과 태도에 긍정적 영향을 주며 자신의 권한이 강화되고 조직으로부터 인정을 받는다고 인식될 때 조직유효성이 증가될 수 있을 것이다.

다섯째, 조직지원인식과 조직시민행동의 관계에 대한 가설들은 모두 채택되었다. 이는 조직이 구성원들의 공헌을 인정, 배려하고 있다는 종업원의 믿음이 직무상 역할 내 행동을 넘어 조직에 이익을 주는 성과 지향적인 조직시민행동을 보이기 쉽다는 기존 연구결과를 뒷받침하고 있는 것이다.

여섯째, 조직몰입과 조직시민행동의 관계에서 정서적 몰입은 영리 및 비영리조직 모두에서 채택되었고, 지속적 몰입은 영리 및 비영리조직 모두에서 기각되었다. 영리 및 비영리조직 구성원 모두 정서적 측면에서 지원을 받고 있다고 지각할수록 조직과의 심리적 일체감이 높아지기 때문에 조직에 남기를 원하는 지속적 몰입이 모두 높아지지만 개인과 조직의 가치관의 변화, 즉 확보한 인적자원의 활용에 있어 지나친 성과급제를 비롯한 보상을 위한 경쟁은 영리조직에서 지속적 몰입이 무의미를 도출했다고 본다. 이는 합리적인 보상과 관리를 통한 지속적 몰입보다는 정서적 몰입이 더 중요함을 의미하는 것이다.

결론적으로 인적자원의 개발과 활용은 영리조직과 비영리조직 모두 경쟁력의 원천이라는 점이다. 조직구성원들에게만 조직에 대한 몰입과 애착을 일방적으로 강요할 것이 아니라, 경영진의 인사관리 전반에 걸쳐서 세심하고 성의 있는 배려 및 지원을 함으로써 구성원들이 조직에 대한 높은 신뢰와 일체감을 형성하게 되며, 자발적인 행동으로 조직발전에 헌신적으로 참여할 수 있도록 해야 할 것이다.

제 6 장
결 론

제6장

제1절 연구결과의 요약

21세기는 지식 정보화 사회이며, 경영환경의 급속한 변화로 인하여 선진 사회조직에서 조직시민행동의 중요성이 날로 높아지고 있다. 조직시민행동은 자유 재량적인 행동으로서 사소한 문제나 어려움을 이겨내면서 조직의 목표에 적극 참여하는 행동, 상사나 동료를 도와 목표달성에 협력하는 행동, 조직발전을 위한 바람직한 행동을 말한다.

따라서 본 연구는 조직시민행동에 대한 선행 연구들이 주로 영리조직에 관심의 초점을 맞추어 진행되어 왔고, 비영리조직의 조직시민행동에 대한 연구가 미흡하다는 인식에서 출발하게 되었고, 특히 영리조직과 비영리조직의 조직시민행동에 영향을 미치는 변수들의 관계와 실증연구가 거의 없다는 점과 비교분석을 시도한 연구가 미비하다는 점에서 연구의 필요성을 인지하게 되었다.

최근까지 비영리조직에서 효율성을 강조하는 것은 마치 다른 잣대를 가지고 비영리조직을 재려는 무모한 시도로 간주되곤 하였으며, 효율성 기준은 비영리조직의 가치나 목표에 적합하지 않는 시장의 기준을 적용하려는 반(反)비영리적인 행위로 취급되었기 때문이다.

그러나 이제는 비영리조직에 대한 사회적 자원의 투자와 규모가 괄목할 만큼 증대되었고, 이에 따라 비영리조직의 운영에 있어서도 효율성이 중요한 가치로 인식되고 있다.

영리 및 비영리조직 모두 조직이 위기에 처할수록 조직구성원들의 협력과 공헌이 절대적으로 요구된다고 할 수 있으며, 그 중심에는 조직구성원들의 자발적 행동인 조직시민행동이 자리하고 있다. 특히 영리조직과 비영리조직이 거대화되고 환경변화 및 경쟁이 심화됨으로 인하여 조직구성원들에게는 공식적인 역할 이외의 다른 역할들이 추가로 요구되고 있다.

따라서 조직의 발전을 위해서 구성원들의 공식 및 비공식 그리고 조직 내의 규정을 초월한 협력을 확보하는 것이 매우 중요하다고 할 수 있다. 여기서 조직 구성원들의 협력과 공헌은 보수, 승진, 조직지원 등과 같은 특정한 행위에 대한 보상과 같은 조건 없이 자발적이며 규정을 초월하여 조직의 기능이 효과적으로 발휘되도록 도와주는 행동을 의미한다.

이에 본 연구는 조직지원인식과 조직몰입을 통하여 구성원의 공정성 지각이 조직시민행동에 모두 유의한 영향을 미칠 것이라고 가설을 설정하였고, 영리 및 비영리조직 구성원의 공정성 지각이 조직지원인식과 조직몰입을 통하여 조직시민행동에 어떠한 영향을 미치는가를 실증분석 하였다.

그리고 다음과 같이 영리조직과 비영리조직의 표본조사를 통한 실증분석과 비교분석을 시도하였다.

첫째, 조직시민행동의 가장 중요한 변수로 작용할 수 있는 공정성 지각과 상호호혜적인 규범에 기초한 조직지원인식, 조직유효성의 예측 지표로 유용하게 사용하고 있는 조직몰입을 중심으로 구성원들의 조직시민행동의 전형적 모형을 개발하여 분석하였다.

둘째, 매개변수인 조직지원인식과 조직몰입에 영향을 미치는 요인 및 선행변수들의 기존연구들을 검토하여 연구모형을 설계하였고, 선행연구에서 독립변수로 중요하게 다루는 공정성을 분배공정성과 절차공정성을 구분하여 적용하였다.

셋째, 비영리조직의 조직시민행동에 관한 연구는 거의 없으므로 영리조직과 비영리조직 구성원의 조직시민행동에 영향을 미치는 변수들이 어떻게 차이가 나는지를 실증분석을 통하여 비교하였다.

본 연구의 목적을 달성하기 위해 제조업 종사자와 순수 시민단체 종사자를 대상으로 무작위로 표본을 추출하였다. 또한 설문지는 총 350부를 배부하였는데, 제조업 종사자에 200부를 배부하여 193부가 회수되었고, 순수 시민단체에 150부를 배부하여 127부가 회수되었으며, 최종적으로 제조업 180부, 시민단체 107부를 이용하여 분석을 실시하였다.

실증분석 결과를 토대로 다음과 같은 주요 연구결과가 도출되었다.

첫째, 조직시민행동의 모델을 제조업종사자와 순수 시민단체 종사자를 대상으로 수집된 표본자료에 통계적 기법을 사용하여 검증해 본 결과 모형 적합도가 타당하다고 평가되었다.

둘째, 분배 및 절차 공정성과 조직시민행동과의 관계를 나타내는 가설들은 영리조직 및 비영리조직 모두에서 기각되었다. 이러한 결과가 나타난 것은 분배공정성과 절차공정성이 어떠하냐에 따라 조직시민행동에 직접적인 영향을 미치지는 못하고, 조직몰입을 높임으로써 이를 통해 조직시민행동에 영향을 미칠 수 있다는 시사점을 제시해 준다.

셋째, 조직지원인식과 조직시민행동의 관계에 대한 가설들은 모두 채택되었는데 이는 조직이 구성원들의 공헌을 인정하고 배려하고 있다는 종업원의 믿음이 직무상 역할 내 행동을 넘어 조직에 이익을 주는 성과 지향적인 조직시민행동을 보이기 쉽다는 기존 연구결과를 뒷받침하고 있다.

넷째, 조직몰입과 조직시민행동의 관계에 있어서 정서적 몰입은 영리 및 비영리조직 모두에서 채택되었고 지속적 몰입은 영리 및 비영리조직 모두에서 기각되었다. 영리 및 비영리조직 구성원 모두 정서적 측면에서 지원을 받고 있다고 지각할수록 조직과의 심리적 일체감이 높아지기 때문에 조직에 남기를 원하는 지속적 몰입이 모두 높아지지만 개인과 조직의 가치관의 변화, 즉 확보한 인적자원의 활용에 있어 지나친 성과급제를 비롯한 보상을 위한 경쟁은 영리조직에서 지속적몰입이 무의미를 도출했다고 본다. 이는 합리적인 보상과 관리를 통한 지속적 몰입보다는 정서적 몰입이 더 중요하다는 점을 시사해 준다.

상기의 내용을 종합해 볼 때 인적자원의 개발과 활용은 기업경쟁력의 원천으로 조직 구성원들에게만 조직에 대한 몰입과 애착을 일방적으로 강요할 것이 아니라는 점이다. 경영진의 인사관리 전반에 걸친 세심하고 성의 있는 배려와 조직 차원의 지원이 구성원들로 하여금 조직에 대한 높은 신뢰감과 일체감을 형성토록 하며, 자발적인

행동으로 조직발전에 헌신적으로 참여할 수 있도록 해야 한다는 시
사점을 제시해 준다.

제2절 본 연구의 한계와 추후 연구 방향

본 연구를 수행하는 과정과 분석결과를 통하여 여러 가지의 한계
점과 앞으로의 연구방향을 제시하고자 한다. 우선 본 연구에서는 다
음과 같은 몇 가지 한계가 있을 수 있다.

첫째, 횡단적인 연구(cross-sectional study)에 치중하여 종단적인
(longitudinal study) 측면에서 현상을 살펴보는 데 미비하였다. 이 경
우 하나의 시점에서만 연구가 이루어져서 변수들 간의 인과관계의
해석에서 오류가 있을 수 있으므로 향후 연구에서는 보다 시간성을
고려한 연구가 이루어져야 할 것이다.

둘째, 사용된 연구 대상의 표본이 영리조직에서는 제조업종사자를,
비영리조직에 있어서는 순수 시민단체 종사자를 대상으로 한정하여
설문조사를 수행하였기 때문에 연구 결과의 외적타당성에 문제가 있
을 수 있어 연구의 일반화가 어려울 수 있다고 볼 수 있다.

셋째, 측정 표본의 수가 상대적으로 적다는 점이 연구결과를 일반
화하기에는 다소 부족하다고 할 수 있다. 따라서 향후의 연구수행에
있어서는 명확히 구분되는 영리조직과 비영리조직의 표본 확대를 통
한 보다 정교한 분석이 필요할 것으로 사료된다.

넷째, 보다 효과적인 질문과 조사대상자의 응답 결과를 좀 더 풍

부하게 전달하기 위해서 본 연구에서 사용한 설문지 방법은 자기보고식의 성질과 지각적인 성질을 가지고 있어서 의미상의 곤란성 등으로 자료의 타당성을 위협받을 수 있으며, 구성원 한 사람이 설문지의 모든 문항을 응답하므로 변수들 간의 신뢰도와 타당도를 부풀릴 수 있다는 문제점을 안고 있다. 그러므로 인터뷰를 통한 심층면접과 같은 방법을 병행하는 복수방법론을 통하여 신뢰성과 타당성이 높은 연구를 진행할 필요성이 제기되며, 이를 통해 신뢰할 수 있는 결과를 기대할 수 있을 것이다.

또한 추후의 조직시민행동에 관한 연구는 본 연구의 한계를 극복하면서 다음과 같은 측면에서 심도 있는 연구가 이루어져야 할 것이다.

첫째, 조직시민행동에 있어 대부분의 연구는 다차원적인 측정변수로서 고려하기를 제안한다(Organ, 1988). 본 연구는 조직시민행동이 타인을 돕는 행동(interpersonal helping)의 관점에서 단일 차원으로 연구되었다는 한계를 가지고 있다. 한 측면에서 획득한 자료만을 사용할 경우 조직구성원의 유기적 관계에서 나타날 수 있는 다양한 행동을 간과할 수 없어 결과적으로 인사관리 차원에서 다각적인 접근의 시도를 제한하는 결과를 가져올 수 있다. 그러므로 추후에는 다차원적인 측정변수로 평가된 조직시민행동의 자료를 활용한 지속적인 연구가 있어야 할 것이다.

둘째, 본 연구에서는 조직시민행동과 관련요인을 사회적 교환관계의 이론적 틀을 중심으로 살펴보았는데 다양한 태도요인과 행동요인을 포함하지 않았다. 따라서 이후 연구에서는 이들 태도요인과 행동요인을 포함하여 심도 있는 장기적인 연구가 이루어져야 할 것이다.

셋째, 조직시민행동의 부정적인 측면에 대한 조명도 있어야 할 것이다. 조직에 대한 부정적인 태도에 영향을 미치는 변수를 다룸으로써 조직구성원들의 조직에 대한 부정적 태도를 줄이는 데 시사점을 얻어야 한다. 즉 비영리조직과 같이 구성원에 대한 보상체계가 미흡한 상황에서 과중한 업무역할을 수행하면서 자발적인 역할 외의 행동을 장려하는 것에 초점을 두어서는 안 될 것이다. 그러므로 자발적인 역할 외의 행동이 실질적으로 조직의 성과와 연결을 갖는지에 대해서도 실증연구가 진행되어야 할 것이다. 역할 내 행동의 수행이 전제되지 않은 역할 외의 행동의 수행은 실질적으로 조직의 성과와 연결 지을 수 없다. 따라서 후속연구에서는 비영리조직 구성원의 역할 내 행동에 대한 측정과 함께 조직시민행동의 수행이 평가되어야 할 것이다.

넷째, 조직시민행동의 확대 적용 연구로서 업종 간 그리고 직급 간의 조직시민행동 수준의 비교를 통한 연구도 요망된다. 업종 간 그리고 직급 간 조직시민행동에 영향을 미칠 수 있는 다른 영향요인을 찾는 노력을 기울여 조직시민행동을 예측하는 데 관심을 기울일 것이 요구된다. 또한 조직시민행동을 향상시킬 수 있는 인적자원관리 분야의 구체적 프로그램 개발로 실무 차원의 연구가 필요하다.

끝으로 조직의 행동과 관련된 주요 선행요인을 포괄하는 본 연구를 기초로 하여 앞으로 영리조직 구성원과 비영리조직 구성원들과 관련된 후속연구들이 보다 활발히 진행될 수 있으므로 조직구성원들의 체계적인 관리방안에 기여할 수 있는 많은 연구 결과들이 제시될 수 있어야 할 것이다.

참고문헌

1. 국내문헌

(1) 단행본

김선봉(2007), 『조직행동론』, 도서출판 두남.

김성국(2001), 『조직과 인간행동』, 명경사.

배병렬(2002), 『구조방정식 모델의 이해와 활용』, 도서출판 대경.

손태원(2007), 『조직행동과 창의성』, 법문사.

조현철(2003), 『3일 만에 끝낼 수 있는 구조방정식모델 - SIMPLIS & AMOS』, 도서출판 석정.

신유근(2002), 『사회중시경영』, 경문사.

이학식 · 임지훈(2007), 『구조방정식 모형분석과 AMOS 6.0』, 법문사.

제진수(1999), 『NPO 지속가능한 사회를 위한 시민 경영학』, 삼인.

피터 드러커(2001), 『변화 리더의 조건』, 청림출판.

추헌(2002), 『조직행동론』, 형설출판사.

채서일(2003), 『사회과학조사방법론』, 학현사.

(2) 논 문

강은나(2002), "조직공정성이 사회복지사의 조직시민행동에 미치는 영향에 관한 연구", 연세대학교 사회복지대학원, 석사학위논문.

강신규(2001), "리더쉽 유형에 대한 종업원의 지각이 조직몰입에 미치는 영향에 관한 실증 연구", 배재대학교, 박사학위논문.

강여진·장지원(2005), "인사공정성 인식이 조직시민행동에 미친 영향: 서울시공무원의 인식을 중심으로", 『한국사회와 행정연구』, 제16권 2호, 한국행정연구, pp.25－53.

강종천(2004), "호텔관리자 리더십이 조직구성원의 직무몰입 및 조직시민행동에 미치는 영향", 경기대학교, 박사학위논문.

고종욱·류철(2005), "분배, 공식절차 및 상호작용 공정성이 호텔종사자의 직무만족, 조직몰입 및 상사신뢰에 미치는 상대적 영향력에 대한 연구", 『관광학연구』, 제28권 4호, 한국관광학회, pp.193－212.

김명언·이현정(1992), "조직공정성: 평가기준과 지각된 공정성, 직무만족, 조직몰입, 직무몰입, 봉급만족과의 관계", 『한국심리학회지 사회 및 성격』 제6집 2권, 한국심리학회, pp.11－28.

김안드레아(2004), "조직에 대한 신뢰, 보상의 공정성 그리고 지식공유도에 관한 연구", 서울대학교 대학원, 석사학위논문.

김윤성(2002), "조직시민행동, 조직몰입에 대한 지각된 조직적 지원의 선행요인과 매개효과에 관한 연구", 영남대학교, 박사학위논문.

김재복(1998), "기업종업원의 성격특성, 직무특성 및 직무적합성이 조직몰입에 미치는 영향에 관한 연구", 『경영학연구』, 제11권, 한국경영학회, pp.549－572.

김재복(1998), "조직시민행동의 결정모델에 관한 실증적 연구", 중앙대학교, 박사학위논문.

김환(2005), "임금의 공정성 지각과 조직지원인식의 직무몰입과 직무만족에 대한 직접효과 검증: 공정성 지각과 조직지원인식에 대한 위계효과 검증을 중심으로", 서울대학교 대학원, 석사학위논문.

김혜진(1990), "비영리조직의 임금만족 결정요인과 종업원 행위결과에 관한 연구", 서울여자대학교 대학원, 석사학위논문.

김희연(1997), "사회복지사의 직무만족 결정요인에 관한 연구", 한양대학교 대학원, 석사학위논문.

마상진(2004), "실업계 고등학교 교사의 직업교육 가치성향과 조직몰입의 관계", 서울대학교 대학원, 석사학위논문.

문병근(1996), "조직몰입의 영향요인에 관한 연구", 경희대학교 행정대학원, 석사학위논문.

문시욱(1994), "사회복지관에 종사하는 사회복지사의 직무만족에 관한 연구", 부산대학교 대학원, 석사학위논문.

박상필(1999), "비영리단체(NPO)의 개념틀 정립을 위한 이론적 논의", 『한국행정학보』, 제8권 2호, 한국행정학회, pp.160.

박영배(1994), "조직몰입에 관한 실증적 연구", 『세명논총』, 제2집, 학술저널, pp.133–167.

박영배(1999), "인구통계특성, 성격특성, 직무특성과 직무만족 및 조직몰입의 관계에 관한 실증연구", 『생산성논집』, 제13권 제2호, 한국생산성학회, pp.1–27.

박완영(2002), "직무만족이 직무몰입과 조직몰입에 미치는 경로에 관한 연구", 경희대학교 경영대학원, 석사학위논문.

박철민·김대원(2003), "조직공정성이 상관신뢰와 공직몰입에 미치는 영향", 『한국행정학보』, 제37권 4호, 한국행정학회, pp.125–145.

서재현(1998), "조직몰입과 직무만족 사이의 관계에 대한 연구", 『경영학연구』, 제13권 4호, 한국경영학회, pp.153–178.

백범기(1997), "MIS 성과 영향요인과 활용에 따른 조직성과에 관한 연구", 『대한경영학회지』 제15권, 대한경영학회, pp.79–99.

백은경(2006), "상사 및 조직지원인식과 상사 및 신뢰의 관계: 조직지원인식과 상사신뢰의 매개효과를 중심으로", 고려대학교, 석사학위논문.

서재현(1997), "조직공정성이 조직몰입과 인식된 조직지원에 미치는 영향에 관한 연구", 『경영연구』, 한국산업경영학회, 제12권, pp.43-65.

서재현(2000), "조직공정성이 조직후원인식에 미치는 영향에 관한 연구: 상사에 대한 신뢰의 매개역할을 중심으로", 『경영학연구』 제29권 3호, pp.451-472.

서호정(2002), "사회복지조직의 조직풍토와 직무만족에 관한 연구", 중앙대학교 대학원, 석사학위논문.

송경수(1995), "조직시민행동에 대한 직무만족, 조직몰입 및 조직정당성의 매개역할", 계명대학교 대학원, 박사학위논문.

송경수·박봉규·최만기(2003), "조직시민행동의 결정요인 및 조절요인에 관한 메타분석", 『경영학연구』, 제32권, 한국경영학회, pp.1103-1126.

안관영(1999), "조직공정성 지각이 조직시민행동에 미치는 효과: 개인특성의 조절효과를 중심으로", 『인사관리연구』, 제23집 1권. 한국인사관리학회, pp.115-144.

안광영·이병직(2002), "집단주의와 성취욕구가 조직시민행동에 미치는 효과 및 개인특성의 조절효과에 관한 연구", 『경영학연구』, 제31권 5호, 한국경영학회, pp.1311-1334.

안영식(2004), "비영리조직 근무자의 직무만족 영향요인과 조직몰입에 관한 연구", 경희대학교 대학원, 석사학위논문.

윤상돈, "리더십 유형에 대한 종업원의 지각이 조직시민행동에 미치는 영향에 관한 연구", 중앙대학교 대학원, 박사학위논문.

윤정구(2001), "A Dual Process Model of Organizational Commitment: Job Satisfaction & Organizational Support", 춘계학술대회 발표논문집, 한국인사·조직학회, pp.159-193.

윤정현·이재훈(2005), "인적자원관리관행에 대한 공정성 인식이 조직몰입과 조직시민행동에 미치는 영향에 관한 연구", 『산경연구』, 제

13집, 영남대학교 산경연구소, pp.327-358.

이경근·박성수(1999), "조직공정성과 임금만족간의 인과관계", 『인사·조직연구』, 제7권 2호, 한국인사·조직학회, pp.191-229.

이균봉(1999), "비영리조직의 재무보고 기초", 『부산상대논집』, 제70집, 부산대학교 상과대학, pp.204.

이명신(2003), "기업과 비영리조직의 파트너십에 있어 신뢰와 성과", 경희대학교 NGO대학원, 석사학위논문.

이수진(1994), "사회복지사의 직무만족에 관한 연구", 이화여자대학교 대학원, 석사학위논문.

이외순(1986), "비영리조직의 성과 지표 및 그 측정방법에 관한 연구", 서울대학교 대학원, 석사학위논문.

이유진(1999), "절차공정성과 상사의 신뢰가 지각된 조직적 지원, 조직몰입, 이직의도에 미치는 영향에 관한 연구", 경희대학교 대학원, 박사학위논문.

이재훈(1998), "조직공정성과 임파워먼트가 조직몰입에 미치는 영향", 『경영학연구』, 제13권 제1호, 한국경영학회, pp.253-272.

이창진(2003), "공정성이 조직변화와 만족도에 미치는 영향", 서울대학교 대학원, 석사학위논문.

이희자(1988), "조직구성원의 자발적 조직행동에 관한 연구", 서울대학교 대학원, 박사학위논문.

이희태·김석용(2001), "NGO 근무자의 직무만족 영향요인 분석", 『한국지방자치학회보』, 제13권 제2호, 한국지방자치학회, pp.253-273.

장승훈(2005), "조직시민행동의 선행요인에 관한 연구: 사회적 교환의 매개효과를 중심으로", 서울대학교, 석사학위논문.

장은미(1997), "경력몰입이 조직몰입과 이직의도에 미치는 이중 조절효과에 관한 연구", 『인사조직연구』, 제5권, 한국인사조직학회, pp.217-253.

정대훈(2001), "조직지원에 대한 인식과 조직몰입 및 조직시민행동의 관계에 관한 연구", 서울대학교 대학원, 석사학위논문.

정범구(1993), "인사관리시스템에 대한 공정성 인식의 결정요인과 결과요인에 관한 연구", 서울대학교 대학원, 박사학위논문.

정범구(1994), "조직공정성과 조직유효성: 분배공정성과 절차공정성의 상호작용효과", 『인사관리연구』, 제18집, 한국인사관리학회, pp.469-497.

정홍술(2002), "분배·절차·상호작용공정성이 상사에 대한 신뢰, 조직지원인식 및 조직시민행동에 미치는 영향", 전남대학교 대학원, 박사학위논문.

조민정(2005), "종업원 몰입의 선행요인 탐색과정에서 조직지원인식의 매개효과", 서울대학교 대학원, 석사학위논문.

최대정·박동건(2006), "조직공정성의 개념과 효과성: 국내 상관연구의 통합 분석", 『한국심리학회지 산업 및 조직』, 제19권, 한국심리학회, pp.193-227.

한진환(2006), "리더쉽과 조직시민행동과의 관계에서 조직공정성의 매개효과", 『산업경제연구』, 제19권 2호, 한국산업경제학회, pp.497-521.

황호영·최영균(2003), "조직공정성이 직무만족과 조직시민행동에 미치는 영향에 관한 연구: 개인주의, 집단주의 효과를 중심으로", 『인적자원개발 연구』, 제5권 1호, 한국인적자원개발학회, pp.1-24.

2. 국외문헌

(1) 단행본

Blau, P.(1975), *Exchange and Power in Social Life,* New York: Wiley.

Drucker, P. F.(1990), *Managing the Non−Profit Organization: Principles and Practices,* New York: Harper Collins.

Etzioni, A.(1961), *A Comparative Analysis of Complex Organizations,* New York: Free Press.

Homans, G. C.(1961), *Social Behavior: Its Elementary Forms,* London: Routledge & Kegan Paul.

Greenberg, J. & Baron, R. A.(1995), *Behavior in Organization* (5th ed), Englewood Cliff, NJ: Prentice−Hall.

Leventhal, G. S.(1980), "What Should Be Done with Equity Theory?", In K. G. Gergen, M. S. Greenberg and R. H. Willis(Eds.), *Social Exchange: Advances in Theory and Research,* pp.27−55, New York: Plenum Press.

Lind, E. A., & Tyler, T. R.(1988), *The Social Psychology of Procedural Justice,* New York: Plenum.

Organ, D. W.(1988a), *Organizational Citizenship Behavior: The Good Soldier Syndrome,* Lexington, MA: Lexington Books.

Osborn. R. N., Schedrmethorn, J. R. & Hunt, J. G.(1972), *Managing Organizational Behavior,* New York: John Wiley and Sons.

Salamon, L. M.(1995), *Partners in Public Service: Governmental− nonprofit Relations in the Modern Welfare State,* Baltimore: The Johns Hopkins University Press.

Smith, H. C.(1955), *Psychology of Industrial Behavior,* New York: McGraw−Hill Book Co. Inc.

Thibaut, J. and Walker, L.(1975), *Procedual Justice: A Psychological Analysis,* Hillsdale, NJ: Lawrence Erlbaum Associates.

(2) 논 문

Adams, J. S.(1963), "Toward an Understanding of Inequality", *Journal of Abnormal and Social Psychology*, Vol.67, pp.422−436.

Alexander, S. & Ruderman, M.(1987), "The Role of Procedural and Distributive Justie in Organizational Behavior", *Social Justice Research.* Vol.1, pp.177−198.

Allen, N. J. & Meyer, J. P.(1990), "The Measurement and Antecedents of Affective, Continuance and Normative Commitment to the Organization", *Journal of Occupational Psychology*, Vol.63, pp.1−18.

Angel, H. L. & Perry, J. L.(1981), "An Empirical Assessment of Organizational Commitment and Organizational Effectiveness", *Administrative Science Quarterly*, *26*(1), pp.1−14.

Aquino, K., Griffeth, R. W, Allen, D. G., & Hom, P. W.(1997), "Integrating Justice Constructs into the Turnover Process: A Test of a Referent Cognitions Moled", *Academy of Management Journal*, *40*, pp.1208−1277.

Becker, H. S.(1960), "Notes on the Concept of Commitment", *American Journal of Sociology*, Vol.66, pp.32−40.

Berger, J., Zelditch, M., Anderson, B. & Cohen, B. P.(1972), Structural Aspects of Distributive Justice: A Status Value Formulation, in J. Berger, M. Zelditch G B. Anderson(Eds.), *Sociological Theories in Progress,* pp.119−146.

Bies, R. J. & Moag, J. S.(1986), "Interactional Justice: Communication Criteria of Fairness", in R. J. Lewick, B. H. Sheppard & M. H. Bazeman(eds.), *Research in Negotiations in Organizations*, *1,* pp.43 – 55.

Blau, G. & Boal, K. (1989). Using Job Involvement and Organizational Commitment Interactively to Predict Turnover. *Journal of Management, 15,* pp.115 – 227.

Brocker, J., M. R. Konovsky, R. Cooper – Schneider, C. Folger, C. L. Martin and R. J. Bies(1994), "Interactive Effects of Procedural Justice and Outcome Negativity on Victims and Survivors of Job Loss", *Academy of Management Journal,* Vol.37, pp.397 – 409.

Brockner, J., Wiesenfeld, B. M.(1996), "An Integrative Framework for Explaining Reactions to Decisions: Interactive Effects of Outcomes and Procedures", *Psychological Bulletin, 120,* pp.189 – 208.

Buchannan, B.(1974), "Building Organizational Commitment: the Socialization of Managers in Work Organizations", *Administrative Science Quarterly,* Vol.19. pp.533.

Challagalla, G. N. &. Shervani, T. A.(1996), "Dimensions and Types of Supervisory Control: Effects on Salesperson Performance and Satisfaction", *Journal of Marketing, 60,* pp.89 – 105.

Cohen – Charash, Y. & Spector, P. E.(2001), "The Role of Justice in Organization: A Meta – analysis", *Organizational Behavior and Human Decision Processes,* Vol.86, No.2, pp.278 – 321.

Dean, B. M. & Paul, D. S.(1992), "Distributive and Procedural Justice as Predictor of Satisfaction with Personal and Organizational Outcomes", *Academy of Management Journal,* Vol.25, pp.626 – 637.

Deutch, M.(1985), "Equity, Equality and Need: What Determines Which Value Will Be Used as the Basis for Distributive Justice?", *Journal of Social Issues, 32*(3), pp.137 – 149.

Dittrich, J. E. & Carroll, M. R.(1979), "Organizational Equity Perceptions, Employee Job Satisfaction and Departmental Absence and Turnover Rates", *Organizational Behavior and Human Performance*, Vol.24, pp.29－40.

Eisenberger, R. E., Huntington, Hutchison & Sowa, R. S. D.(1986), "Perceived Organizational Support", *Journal of Applied Psychology*, *71*(3), pp.500－507.

Farth, J., Earley, P. C. & Lin, S.(1997), "Impetus for action: A Cultural Analysis of Justice and Organizational Citizenship Behavior in Chinese Society", *Administrative Science Quarterly*, *42,* pp.421－444.

Folger, R. & Greenberg, J.(1985), "Procedual Justice: An Interpretive Analysis of Personnel Systems, in K. M. Rowland & G. R. Ferris(Eds.)", *Research in Personnel and Human Resource Management*, Vol.3, pp.141－183.

Folger, R. & Konovsky, M. A.(1989), "Effects of Procedural and Distributive Justice on Reactions to Pay Raise Decision", *Academy of Management Journal*, Vol.32, pp.115－130.

Graham, J.(1991), "An Essay on Organizational Citizenship Behavior", *Employee Responsibilities and Rights Journal*, Vol.4, pp.249－270.

Greenberg, J. & Tyler, T. R.(1987), "Why Procedural Justice in Organizations?", *Social Justice Research*, *1*, pp.127－142.

Greenberg, J., & Scott, K. S.(1996). "Why do Workers Bite the Hand that Feeds Them? Employee Theft as a Social Exchange Process, in B. M. Staw & L .L. Cummings(Eds.), *Research in Organizational Behavior 18,* Greenwich, CT: JAI Press, pp.111－156.

Guzzo, R. A., Noonan. K. A., & Elron, E.(1994). "Expatriate Managers and The Psychological Contract", *Journal of Applied Psychology*, *79*, pp.617–625.

Hackman, J. R. & Oldham, G. R.(1976), "Motivation through the Design of Work: Test of a Theory", *Organizational Behavior and Human performance*, Vol.16, pp.250–279.

Hall, D. T., Schneider, B. & Nygren, H. T.(1970), "Personal Factors in Organizational Identification", *Administrative Science Quarterly*, Vol.15, pp.176–190.

Hui, C.(1994), "Effects of Leadership Empowerment Behaviors and Follower's Personal Control, Voice and Self–efficacy on In–role Performance: An Extension and Empirical test of Conger and Kanungo's Empowerment Process Model", Doctoral Dissertation, Indiana University.

Hutchison, S. & Garstka, M. L.(1996). "Sources Perceived Organizational Support: Goal setting and Feedback", *Journal of Applied Social Psychology*, *26*, pp.1351–1366.

Kanter, R. M.(1968), "Commitment and Social Organization: A Study of Commitment Mechanism in Utopian Communities", *American Sociological Review*, Vol.33, pp.499–517.

Katz, D.(1964), "The Motivational Basis of Organizational Behavior", *Behavioral Science*, Vol.9, pp.131–146.

Ko, J., Price, L. & Muller, C. W.(1997), "Assessment of Meyer and Allen's Three–Component Model of Commitment in South Korea, *Journal of Applied Psychology*, Vol.82, pp.961–973.

Konovsky, M. A. and Pugh, S. D.(1994). Citizenship and Social Exchange. *Academy of Management Journal*, *37*, pp.656–669.

Konovsky, M. A., Folger,. R. & Cropazano, R.(1991), "Perceived Fairness of Employee Drug Testing as a Predictor of Employee Attitudes and Job Performance", *Journal of Applied Psychology,* Vol.76, pp.698−707.

Lerner, M. J.(1977), "The Justice Motive: Some Hypotheses as to its Origins and Forms", *Journal of Personality,* Vol.45, pp.1−52.

Leventhal, G. S.(1980), "What Should Be Done with Equity Theory?", In K. G. Gergen, M. S. Greenberg and R. H. Willis(Eds.), *Social Exchange: Advances in Theory and Research,* New York: Plenum Press, pp.27−55.

Locke, E. A.(1969), "What Is Job Satisfaction?", *Organizational Behavior and Human Performance,* Vol.4, No.2, pp.309−336.

Masterson, S. S, Lewis, K., Goldman, B. M. and Tayer, M. S.(2000), "Integrating Justice and Social Exchange: The Different Effects of Fair Procedures and Treatment on Work Relationships", *Academy of Management Journal, 43,* pp.738−748.

Mackenzie, S. B., Podsakoff, P. M. & Ahearne, M.(1998), "Some Possible Antecedents and Consequences of In−role and Extra−role Salesperson Performance", *Journal of Marketing, 62,* pp.87−98.

McFarlin, D. B, & Sweeney, P. D.(1992). "Distributive and Procedural Justice as Predictors of Satisfaction with Persona and Organizational Outcomes", *Academy of Mangement Journal.* Vol.35, No.3, pp.626−637.

Meyer, J. P. & Allen, N. J. & Gellatly, I. R.(1990), "Affective and Continuance Commitment to the Organization: Evaluation of Measures and Analysis of Concurrent and Time−lagged Relation",

Journal of Applied Psychology, 75(6), pp.710 – 720.

Meyer, J. P. & Allen, N. J.(1991), "A Three – Component Conceptualization of Organizational Commitment", *Human Resource Management Review,* Vol.1, pp.61 – 89.

Miceli, M. P. & Mulvey, P. W.(2000), "Consequences of Satisfaction with Pay Systems: Two Field Studies", *Industrial Relations, 39,* pp.62 – 87.

Moideenkutty, U., Blau, G., Kumar R. & Nalakath, A. (1998). "Perceived Organizational Support as Mediator of the Relationship of Perceived Situational Factors to Affective Organizational Commitment", Paper Presented at Eastern of Management Annual Meeting.

Moorman, R. H.(1991), "Relationship Between Organizational Justice and Organizational Citizenship Behaviors: Do Fairness Perceptions Influence Employee Citizenship?", *Journal of Applied Psychology, 76,* pp.533 – 552.

Moorman, R. H., & Blakely, G. L.(1995), "Individualism Collectivism as an Individual Difference Predictors of Organizational Citizenship Behavior", *Journal of Organizational Behavior,* Vol.16, pp.127 – 142.

Moorman, R. H., & Blakely, G. L. & Niehoff, B. P. (1998), "Does Perceived Organizational Support Mediate the Relationship between Procedural Justice and Organizational Citizenship Behavior?", *Academy of Management Journal, 41,* pp.351 – 357.

Morris, J. H. & Sherman, J. D.(1981), "Generalizability of and Organizational Commitment Model", *Academy of Management Journal, 24*(3), pp.512 – 526.

Morrison, E. W.(1994), "Role Definitions and Organizational Citizenship

Behavior: The Importance of the Employee's Perspective", *Academy of Management Journal,* Vol.37, pp.1543－1567.

Mowday, R. T., Steers, R. M., & Porter, L. W.(1979), "The Measurement of Organizational Commitment", *Journal of Vocational Behavior,* Vol.14, pp.224－247.

Niehoff, B. P., & Moorman, R. H.(1993), "Justice as a Mediator of the Relationship between Monitoring and Organizational Citizenship Behavior", *Academy of Management Journal,* Vol.36, pp.527－556.

O'Neill, M.,(1989), *The Third America,* San Francisco: Jossey－Bass Publishers.

O'Reilly, C., & Chatman, J.(1986), "Organizational Commitment and Psychological Attachment: The Effects of Compliance, Identification and Internalization on Prosocial Behavior", *Journal of Applied Psychology,* Vol.71, pp.492－499.

Organ, D. W.(1988b), "A Restatement of the Satisfaction Performance Hypothesis", *Journal of Management,* Vol.14, pp.547－557.

Organ, D. W.(1990), "The Motivational Basis of Organizational Citizenship Behavior", i*n Research in Organizational Behavior,* In B. W. Staw & L. L. Cummings (Eds.), Vol.12, pp.43－72, Greenwich, CT: JAI Press.

Organ, D. W.(1994), "Personality and Organizational Citizenship Behavior", *Journal of Management, 20,* pp.465－478.

Organ, D. W. & Konovsky, M.(1989), "Cognitive Versus Affective Determinants of Organizational Citizenship Behavior", *Journal of Applied Psychology,* Vol.74, pp.465－478.

Porter, L. M., Steers, R. M., Mowday, R. T. & Boulian, P. V.(1974),

"Organizational Commitment, Job Satisfaction, and Turnover among Psychiatric Technicians", *Journal of Applied Psychology,* Vol.59. pp.603－609.

Price, J. L., & C. W. Muller(1986), "Absenteeism and Turnover of Hospital Employee", *Monographs in Organizational Behavior and Industrial Relations,* Vol.5, JAI Press Inc.

Rhee, J.(1996), "Organizational Justice in an Employee Participation Program", Unpublished Doctoral Dissertation, Cornell University.

Rusbult, C. E. & Farrell, D.(1983), "A Longitudinal Test of the Investment Model: The Impact on Job Satisfaction, Job Commitment and Turnover of Variations in Rewards, Costs, Alternatives and Investment", *Journal of Applied Psychology,* Vol.68, pp.429－438.

Salamon, L. M. & Anheier, H. K.(1997), *Defining the NonprofitSector: A Cross－National Analysis,* Manchester: Manchester University Press.

Salancik, G. R.(1977), "Commitment and the Control of Organizational Behavior and Belief" *New Directions in Organizational Behavior,* Chicago: St. Clair.

Scholl, R. W., Copper, E. A. & McKenna, J. F.(1987), "Referent Selection in Determining Equity Perceptions: Differential Effects on Behavioral and Attitudinal Outcomes", *Personnel Psychology,* Vol.40, pp.113－124.

Smith, C. A., Organ, D. W. & Near, J. P.(1983), "Organizational Citizenship Behavior: Its Nature and Antecedents", *Journal of Applied Psychology,* Vol.68, No.4, pp.655－663.

Steer, R. M.(1977), "Antecedents and Outcomes of Organizational Commitment", *Administrative Science Quarterly,* Vol.20, pp.546－558.

Stevens, J. M., Beyer, J. M. & Trice, H. M.(1978), "Assessing Personal Role and Organizational Predictors of Managerial Commitment", *Academy of Management Journal, 21*(3), pp.380−396.

Sweeney, P. D. & McFarlin, D. B.(1993), "Worker's Evaluations of the 'Ends' and the 'Means': An Examination of Four Models of Distributive and Procedural Justice", *Organizational Behavior and Human Decision Processes, 55,* pp.23−40.

Tsui, A. S., Egan, T. D. & O'Reilly, C. A.(1992), "Being Different: Relational Demography and Organizational Attachment", *Administrative Science Quarterly,* Vol.37.

Tyler, T. R. & Lind, E. A.(1992), "A Relational Model of Authority in Groups", in M. Zanna(Ed.), *Advances in Experimental Social Psychology,* New York: Academic Press, Vol.25, pp.115−191.

Van de Ven, A. H.(1986), "Central Problems in the Management of Innovation", *Management Science,* Vol.32, No.5, pp.590−607.

Van Dyne, L., Graham, J. W. & Dienesch, R. M.(1994), "Organizational Citizenship Behavior: Construct Redefinition, Measurement and Validation", *Academy of Management Journal, 37,* pp.765−802.

Wayne, S. J., L. M. & Liden, R. C. (1997). "Perceived Organizational Support and Leader−member Exchange: A Social Exchange Perspective", *Academy of Management Journal, 40,* pp.82−111.

Williams, L. J. & Anderson, S. E.(1991), "Job Satisfaction and Organizational Commitment as Predictors of Organizational Citizenship and In−role Behaviors", *Journal of Management,* Vol.17, pp.601−618.

임정숙　　•약 력•

　　　　국립 강릉대학교 사회과학대학 경영학과 졸업(경영학사)
　　　　국립 강릉대학교 대학원 경영학과 졸업(경영학석사)
　　　　국립 강릉대학교 대학원 경영학과 졸업(경영학박사)
　　　　동서건설기계(주) 대표이사
　　　　대창산업(주) 감사
　　　　국립 강릉대학교 사회과학대학 경영학과 강사
　　　　동우대학 호텔경영학과 및 레저스포츠학과 강사

공정성과 조직시민행동
-영리조직과 비영리조직의 실증 비교 분석-

• 초판 인쇄　　2008년 7월 25일
• 초판 발행　　2008년 7월 25일

• 지 은 이　　임정숙
• 펴 낸 이　　채종준
• 펴 낸 곳　　한국학술정보㈜
　　　　　　　경기도 파주시 교하읍 문발리 513-5
　　　　　　　파주출판문화정보산업단지
　　　　　　　전화　031) 908-3181(대표)·팩스　031) 908-3189
　　　　　　　홈페이지　http://www.kstudy.com
　　　　　　　e-mail(출판사업부)　publish@kstudy.com
• 등　　록　　제일산-115호(2000. 6. 19)
• 가　　격　　11,000원

ISBN　　　978-89-534-9757-3 93320 (Paper Book)
　　　　　　978-89-534-9758-0 98320 (e-Book)